Braun
Smoothies

Die Autorin
Monika Braun liebt Smoothies! Hat in ihrer Küche püriert, gemixt, probiert. Dabei über 100 ungewöhnliche Drinks kreiert. Und gut 20 Kilo abgenommen. Die Oecotrophologin lebt und arbeitet in Berlin als Gesamtschuldirektorin.

Monika Braun

Smoothies
Die Gesund- und Schlank-Shakes

▌ Das Beste aus Früchten und Gemüse: Über 80 cremige Shakes für eine tolle Figur

▪ Liebe Leserin, lieber Leser	6

Was sind Smoothies? 7

▪ Smoothie – der Name ist Programm	8
Aus dem Land der unbegrenzten Trends	8
Simple Tech und High Food	9
▪ Welche Zutaten braucht man für Smoothies?	11
Was macht sie so cremig, die Smoothies?	12
Die Top-Four der Früchte	12
Ein Stück Gesundheit: Unsere tägliche Portion Milch	13
Sojamilch und Sojaprodukte	14
Probiotischer Joghurtdrink	14
▪ Mix it, Baby, mix it – die wichtigsten Küchenhelfer	15

Die Smoothie-Diät 17

▪ Gewicht reduzieren mit »Meal Replacement«	18
▪ Wie funktioniert die Smoothie-Diät?	19
Smoothes Kilopurzeln	19
Smoothie-Diät-Plan	23
Smooth Operator für Frust-Tage	25
Smooth-Days zum Gewichthalten	28

Ruck, zuck – genießen! 29

▪ Frucht-Smoothies	30
Green Dreams are made of this	31
Strawberry-Melon-Power	31
Vitaminbombe	32
Springtime-Smoothie	32
Violet Summer Dream	34
Fruity Fruit Power	34
Berry Berry Best	35
Sunshine Reggae	38
Breakfast Power	38
Ingwer-Mango-Kiwi-Smoothie	40
Kalorientraum-Smoothie	40
Sunny-Special-Smoothie	41
Cherry Cherry Lady	41
Green-Yellow-Red oder Ampel-Smoothie	42
Multi-Tasty-Smoothie	42
I heard it through the Grapevine	44
Special Passion	44
ABC-Smoothie	45
All-in-Orange-Smoothie	45
Erdbeer-Kiwi-Banana-Flip	46
Yellow Submarine	46
Grün ist die Hoffnung	48
Mispelküsschen	48
Banarama	49
Shalom Sharon	50
WM-2006-Smoothie	50
Cherry-Apple-Smoothie	52
Guave-Birne-Erdbeer-Smoothie	52
Refresher-Smoothie	53

Pure Fusion Blast	53
Island in the Sun	54
Fruity-Galore-Smoothie	54
Jungle Power	56
Mango Squeeze	56
Feiger Smoothie	57
Summer-Sun-Smoothie	57
Pink Blast	58
Blissful Berries	58
Applemania	60
Ananas-Melonen-Sinfonie	60
Cool-Peach-Smoothie	60
Stacheliger Smoothie	61

■ Boosters — 62

Student's Dream	62
Royal-Rose-Mango	62
Pinky Green Dream	64
Venus Breakfast	65
Sprungbrett in den Tag	65
Ananas-Smoothie mit Kefir	66
White-Dream-Knut	66
Perfectly Happy	68
Red Beauty	68
Phönix aus der Asche	69
In the Mood of Autumn	70
Red-Blue-White-Booster	70
Fitness-Booster	72
Melone-Erdbeer-Quark-Smoothie	73
Kaffee-Smoothie	73
Breakfast Blast	74
Shooting Star	74

Papaya-Exotic-Smoothie	76
Roter, gelber, grüner Fruchtalarm	77
Black Magic	78
Summer Freeze	78
Russian Dream (Kefir-Smoothie)	80
Lila-Laune-Smoothie	80
Blaubeer-Traum	80
Soja-Frucht-Smoothie	81
Peach-Vanilla-Dream	82
Cherry-Banana-Vanilla-Dream	82
Fruit Harmony	83
Cool Melon	83

■ Pikante Smoothies — 84

Greek-Fitness-Smoothie	84
Spicy Green	84
Frühlings-Smoothie	86
Vegi-Extase	86
Roter Einheizer	87
Orangen-Möhren-Smoothie	87
Kresse-Kefir-Smoothie	88
Energie-Smoothie	88
Tomaten-Smoothie	90
Spinach-Carrot-Smoothie	90
Pepper Mango	91
Orange-Fennel-Twist-Smoothie	91
Bollywood-Namkeen-Smoothie	91
Blushing Surprise	92
Presto Pesto	92

■ Register — 94
■ Impressum — 96

Gesund und schlank mit Smoothies

Liebe Leserin, lieber Leser!

Sie haben genug davon, alle Nahrungsmittel für eine Diät zu wiegen und ständig den Kalorien- und Fettgehalt zu zählen? Die Kilos sollen aber trotzdem purzeln? Und Sie wünschen sich eine gesunde Ernährung, die auch noch toll schmeckt? Eine Ernährung und eine Diät mit Smoothies ist dann exakt das Richtige für Sie: Es ist nämlich eine bewusste Ernährungsform, speziell für aktive Menschen, die Wert auf ausgewogene, alltagstaugliche Kost legen, die auch noch gut schmeckt. Mahlzeitenersatz mit Smoothies ist gesund, macht munter, ist abwechslungsreich, knallbunt, lustig – und lecker. Zudem wecken die Zutaten durch ihre Naturbelassenheit und ihre wertvollen Inhaltsstoffe alle Lebensgeister. Tatsache ist, dass in Deutschland nicht genug Obst und Gemüse gegessen wird. Außerdem ist es nicht unser Ding, Obst und Gemüse einfach so, als Snack nebenher, zu genießen, oder roh in den Speiseplan zu integrieren. Dadurch nehmen wir uns aber eine ausgezeichnete Möglichkeit, mit diesen Lebensmitteln die Gesundheit zu schützen.

Zwar sind wir Deutschen Rohkostmuffel, aber Weltmeister im Trinken von Säften. Folglich sollten wir beides geschickt miteinander kombinieren: Rohkost in smoothiger Form trinken. Auch für Menschen, die Obst ungern als Ganzes essen, sind Smoothies ideal: klein geschnitten und püriert, in bunte Becher gegossen und geschmackvoll dekoriert – wetten, dass keiner so ein »Stück Obst« stehen lässt? Also nehmen Sie die leckersten Früchte und das appetitlichste Gemüse und mixen Sie sich aus diesen frischen Zutaten herrlich schlanke Smoothies. So überzeugt man den ärgsten Obst- und Gemüsemuffel und gesundes Abnehmen macht endlich Spaß. Aber Vorsicht: Es besteht Suchtgefahr!

Viel Spaß beim Genießen wünscht Ihnen
Monika Braun

Was sind Smoothies?

Was sind Smoothies?

Smoothie – der Name ist Programm

Eine neue Mode aus den USA erobert die Szene-Bars in Großstädten wie Berlin, Hamburg und Düsseldorf: Cocktails sind out, Smoothies sind in. Smooth (sprich: »smuuss«) bedeutet weich, sämig, sanft – und genau solch ein Gaumenerlebnis sind die neuen Fruchtmixgetränke. Ganz ohne Alkohol und trotzdem cool – perfekte Sommerdrinks, denn Smoothies kommen eiskalt auf den Tisch.

Smoothies sind einfach die angenehmste Art, Obst und Gemüse zu genießen. Sie sind aber auch echte Vitaminbomben, Anti-Aging-Kost mit Bioschutz, Säfte mit Seele, Wellness pur aus dem Mixer und ein gesunder Energie-Kick – und schon fast eine neue Lebenshaltung, denn sie sind gesund, knallbunt, witzig und schnell. Aber nichts geht über das ultimative Geschmackserlebnis, wenn Smoothies sanft im Mund zerschmelzen – zu schade zum Herunterschlucken, ein Trend für Szenegänger und dennoch eine echte Mahlzeit. Smoothies sind echte und gesunde Alternativen für Limos, Schorle, Säfte oder Wasser.

Aus dem Land der unbegrenzten Trends

Schon wieder mal ein neuer Trend aus dem Land der unbegrenzten Möglichkeiten? Auch wenn es fast schon lästig wird, jeden amerikanischen Trend mitzumachen – Smoothies lohnen sich.

Smoothies sind eigentlich flüssige Obstsnacks. Sie sind durch ihren außergewöhnlich konzentrierten Fruchtgeschmack lecker, abwechslungsreich, sehr gesund und werden außerdem von bekannten Fitness-Gurus empfohlen. Und eben seit einiger Zeit das absolute Trend-Meal in den USA, seit Neuestem in England, nun auch in Deutschland: Smoothies in Flaschen erscheinen immer häufiger in den Kühlregalen der Supermärkte.

Vom Slim-Smoothies über Beauty-and-Slim-Smoothies auf Protein-Basis, extrem sättigenden Diät- und Slim-and-Fit-Boostern bis hin zum Workout-Booster voller Energie für ein Fitness-Training – Eingeweihte kennen es längst:

Mahlzeitenersatz für gestresste Menschen, die nie Zeit haben. Diese Smoothies kann man so ganz nebenbei schlürfen. Trotzdem fühlt man sich »gut ernährt« und satt.

Simple Tech und High Food

Sind Smoothies somit Fast Food? Man könnte sie wohl eher als »Simple Tech« und »High Food« charakterisieren. Auf jeden Fall sind sie Soft-Drinks, die ohne Geschmacksverstärker auskommen, nahezu kein Cholesterin und Fett und wenig Kalorien enthalten und trotzdem schmackhaft, köstlich, ja letztlich kulinarisch sind.

Sie sind im Handumdrehen gemixt: Mit einem Mixer kann man sie ganz einfach selber machen. Sie laden zum gesunden, nahrhaften Relaxen und Chillen ein, um dann so richtig Energie zu geben. Die prickelnden Powerdrinks aus cremig pürierten Früchten und Gemüsen sind dabei wahre Fit-Macher. In jedem Glas stecken so viele Vitamine, Mineralstoffe, Spurenelemente und lösliche Ballaststoffe wie sonst nur in einem riesigen Berg Obst und Gemüse, denn es kommen ja noch weitere Zutaten hinzu. Trinkt man nur täglich ein halbes Glas Smoothie, hat man schon mindestens doppelt so viele bioaktive Substanzen im Blut als vorher.

Die extra schlanken Smoothies haben dabei nur bis zu 250 kcal – welches normale Hauptgericht bietet solch eine Nährstoffdichte bei so geringem kalori-

> **INFO**
>
> **Wer hat's erfunden?**
>
> Erfunden wurden die Smoothies 1960 von Stephan Kuhnau aus New Orleans. Er selber hatte eine schlimme Lebensmittelallergie, die seine tägliche Versorgung nahezu unmöglich machte. Außerdem war er an Diabetes erkrankt. Aus dieser persönlichen Not heraus mixte er Früchte und Gemüse zusammen und ergänzte sie durch gesunde Zusatzstoffe. Daraus entstand der »Smoothie«. Als Kuhnaus Gesundheit dadurch wieder spürbar verbessert wurde, ging er mit seiner neuen Idee an die Öffentlichkeit und eröffnete 1973 einen ersten »Smoothie-Shop« in den USA. Unter dem Markennamen »Dr. Smoothie« ist er noch heute Marktführer als Hersteller für Smoothies und Booster.

Was sind Smoothies?

schen Gehalt, aber mit höchster Ausgewogenheit und Sättigungseffekt? Und sicher doppeltem Geschmackserlebnis.

Anders als Obstsäfte, die lediglich aus dem gepressten Saft von Früchten bestehen, werden die Powerdrinks aus ganzen Früchten hergestellt. Man könnte sie auch als »Ganzfruchtsaftgetränke« bezeichnen, denn bis auf ungenießbare Schalen und Kerne wird die ganze Frucht püriert. Zum Verdünnen mixt man Säfte oder Milchprodukte dazu: Die frischen Früchte werden einfach gewaschen, falls erforderlich geputzt oder geschält, und im Mixer zu einem Püree verarbeitet. Es können auch Früchte – und das ist das Tolle daran – aus dem Tiefkühlfach verwendet werden.

Aber ist »Smoothie« nicht ein viel treffenderer Name? Seine Konsistenz ist nämlich samtig, aber auch etwas dickflüssig. Und daher hat das neue Trend- und Diätgetränk ja seinen Namen. Er ist Programm und beschreibt ganz realistisch die Vollmundigkeit der Smoothies. Ihre cremige Beschaffenheit bekommen sie häufig auch durch die Zugabe von Bananen als Grundzutat und vor allem von gecrashtem Eis, das die Festigkeit der Drinks erstaunlich erhöht. Was noch entscheidender für die Trendfähigkeit der Smoothies ist: Es gibt keine Rezept-Regel. Alles ist erlaubt, jede noch so exotische oder verwegene Zusammenstellung geht als Smoothie durch.

Da Smoothies also so unkompliziert und im Handumdrehen fertig sind, werden sie zu einer idealen Basis für eine Diät. Smoothies mit Proteinzugaben oder auch Nahrungsmittelergänzungen heißen Booster, mit einer kleinen »Krone« aus Milchschaum wird aus ihnen ein Streamer. Dem Variationsreichtum ist keine Grenze gesetzt. Wetten, dass Sie es schaffen, für jeden Tag im Jahr mindestens einen Smoothie zu kreieren?

Welche Zutaten braucht man für Smoothies?

Für Smoothies braucht man recht wenig: Frucht- oder Gemüsepüree ist das Geheimnis der Smoothies. Für süße Smoothies kann man alle heimischen und exotischen Früchtearten verwenden – von Apfel bis Zuckermelone. Ahornsirup oder Honig rundet den Geschmack herber Früchte ab, Limetten oder Zitronen verleihen sehr süßen und milden Früchten eine frische Note. Für Gemüsesmoothies wählt man solche Gemüsesorten, die man auch roh isst: Gurken, Paprika, Tomaten, auch Sprossen oder Kräuter, z.B. Kresse, eignen sich für die gemüsigen Smoothies. Besonders empfehlenswert sind Bio-Produkte, da

INFO

Warum ist Obst und Gemüse gesund?

Einer der wichtigsten Nährstoffe in Obst und Gemüse sind die Kohlenhydrate, wobei in Obst vor allem die einfachen Kohlenhydrate (Fruchtzucker) vorkommen. Diese dienen in erster Linie der Energieversorgung des menschlichen Körpers. Obst und Gemüse bestehen zum größten Teil (80–95%) aus Wasser und sind daher sehr kalorienarm. Trotz alledem sind im Wasseranteil von Obst und Gemüse eine Menge löslicher Wirkstoffe wie Vitamine und Mineralstoffe enthalten.

Neben Kohlenhydraten, Mineralstoffen und Vitaminen (primäre Pflanzenstoffe) enthalten Obst und Gemüse auch noch wertvolle sekundäre Pflanzenstoffe. Sie gelten seit neuesten wissenschaftlichen Studien als echte Allrounder im Kampf gegen freie Radikale: Sie schützen die Zellen vor dem Angriff dieser schädigenden Stoffe. Zu finden sind sie in den Randschichten und Schalen von Gemüse und Obst. Sekundäre Pflanzenstoffe haben ein breites Wirkspektrum für unsere Gesundheit. Sie können antioxidativ, antiviral, antimikrobiell und antikarzinogen wirken, sie können Entzündungen hemmen und das Immunsystem modulieren. Smoothies sind von daher echte Anti-Aging-Kost mit Bioschutz.

Was sind Smoothies?

man das Obst und Gemüse ganz nutzt und Bio ganz ohne Schadstoffe bedeutet.

Was macht sie so cremig, die Smoothies?

Milch-, Sojaprodukte und zerstoßenes Eis helfen, die cremige Konsistenz zu erzielen. Wer auf Eis verzichten will, um den intensiveren Geschmack zu behalten, frostet Früchte und Gemüse vor Gebrauch im Tiefkühlfach – am besten bereits grob zerkleinert, damit der Mixer weniger arbeiten muss.

Die Top-Four der Früchte

Bananen: Jeder Bundesbürger verzehrt im Jahr rund 10 Kilo dieser gelben Powerfrüchte. Kein Wunder, denn sie gelten als echte »Glücksbringer«: Bananen sind wichtige Serotonin-Spender für uns. Dieses »Glückshormon« sorgt für gute Laune. Die krummen Früchte enthalten zudem viel Kalium und Magnesium, sie stärken also Herz, Muskeln und Nerven. Das macht fit und leistungsstark. Für Gelassenheit und Wohlbefinden sorgt Vitamin B_6. Zwar enthalten Bananen relativ viel Kalorien (100 g entsprechen 96 Kalorien = 402 Joule), daher waren sie lange bei Diäten verpönt. Doch sie stecken prall voll mit Ballaststoffen, haben kein Fett und machen zudem äußerst lange satt.

Mangos: Die Mango ist eine der exotischen Wunderfrüchte: saftig, fruchtig, süß – und voller urgesunder Inhaltsstoffe. Der hohe Vitamin-C-Gehalt stärkt die Abwehr, das in großen Mengen enthaltene Vitamin A beugt vorzeitiger Hautalterung vor und stärkt die Sehkraft. Noch ein weiterer Pluspunkt, besonders bei Diäten: Die Mango wirkt verdauungsfördernd.

Rote Beerenfrüchte: Beerenfrüchte sind sehr reich an den Mineralstoffen Kalium, Kalzium, Eisen und Magnesium sowie den Vitaminen A, B_6 und C. Sie enthalten kein Fett, aber reichlich Ballaststoffe, sind sehr kalorienarm, doch extrem schmackhaft und bei nur 34–39 kcal pro 100 g super geeignet für eine Diät: Himbeeren wirken leicht harntreibend und verdauungsfördernd. Schwarze Johannisbeeren stärken die Abwehrkräfte, besonders nach einer Infektion. Rote Johannisbeeren reinigen das Blut, auch Brombeeren wirken blutreinigend, zudem gefäßverengend.

Erdbeeren: Der Erdbeere wird seit je her eine erotisierende Wirkung nachgesagt, doch das ist nicht der Grund für unsere Diät-Smoothies mit Erdbeeren – oder vielleicht doch? Auf jeden Fall haben sie einen äußerst aromatischen, süßen Geschmack und sind eine ausgezeichnete Quelle für Vitamin C. Sie enthalten aber auch Provitamin A, Vitamin B, die Mineralstoffe Kalium, Kalzium, Magnesium, Schwefel, Phosphor sowie Eisen, zudem sind sie ähnlich harntreibend wie der Spargel.

Ein Stück Gesundheit: Unsere tägliche Portion Milch

Wussten Sie eigentlich, dass schon die alten Griechen Milch für ein Götterelixier hielten? Sie nahmen nämlich an, dass ihre Götter durch Milch Unsterblichkeit erlangen würden. Heute weiß eigentlich jeder: Milch macht müde Menschen munter. Kaum ein anderes Nahrungsmittel liefert dem Menschen so viele Nährstoffe. Daher verwundert es kaum, dass auch Sportler gerne Milch zu sich nehmen. Das Götterelixier ist einfach der ideale Fitness-Drink.

Was sind Smoothies?

Die aus Milch hergestellten Produkte Joghurt, Dickmilch, Quark, Kefir, Buttermilch und Molke sind wichtige Bestandteile einer ausgewogenen Ernährung – unsere Protein-Smoothies sind also echte, moderne Göttergetränke. Für unsere Diät-Smoothies nehmen Sie Magermilch, Magerjoghurt, fettarme Buttermilch, Kefir und Molke: Alle haben einen Fettanteil, der vernachlässigungswert ist, nämlich nur 0,1–0,3%, und damit wenig Kalorien bei extremer Nährstoffdichte.

Sojamilch und Sojaprodukte

Die fernöstlichen Bohnen enthalten viele B-Vitamine und jede Menge Lezithin – Stoffe, die die Denkleistung und die Nervenkraft stärken. Zusammen mit den Smoothie-Früchtchen einfach eine geniale Verbindung! Dank der geballten Wirkstoff-Power kann Soja in stressigen Zeiten helfen, ausgeglichener zu sein. Ob auch die berühmte asiatische Gelassenheit auf den Verzehr von Soja zurückzuführen ist, hat bislang allerdings noch niemand wissenschaftlich nachgewiesen. Doch Soja hat noch mehr zu bieten: In Fernost gilt es wegen seines hohen Eiweißgehalts als »Fleisch des Feldes«. Auch hierzulande finden Sojaprodukte wie Tofu, aber auch Sojasprossen immer mehr Freunde, unter anderem, weil Soja eine hervorragende Alternative zu Fleisch ist.

Probiotischer Joghurtdrink

Einen zusätzlichen positiven Gesundheitseffekt hat probiotischer Joghurt. Er wird mit speziellen Bakterien angereichert, die sehr widerstandsfähig sind und kaum von der Magensäure zerstört werden. Sie gelangen lebend in den Darm. Dort können sie dann ihre positive Wirkung entfalten, die Verdauung regeln und das Immunsystem stärken.

Ein besonderer Joghurtdrink ist Optiwell Control, der zusätzlich noch den Hunger stillen soll: Er enthält Wirkstoffe aus Hafer- und Palmöl, die aus sehr kleinen Fetttröpfchen bestehen und langsam verdaut werden. Das Sättigungsgefühl, insbesondere in Kombination mit dem Obst der Smoothies, hält länger an.

Mix it, Baby, mix it – die wichtigsten Küchenhelfer

Elektrische Mixer und Blender sind die wichtigsten Utensilien zum Herstellen unserer smoothen Diät-Drinks. Kaufen Sie am besten ein Standgerät mit großem Glas- oder Plastikaufsatz, starkem Motor und mit einer zusätzlichen Eis-Crash-Funktion. So geht es schneller, das Obst und Gemüse zu zerkleinern.

Ein Standmixer besteht aus dem Motorgehäuse und dem Aufsatz, dem eigentlichen Mixerbehälter. Durch einen Drehschalter kann man die gewünschten Geschwindigkeitsstufen einstellen, oft gibt es noch einen Puls- oder Intervallschalter, mit dem man punktgenau arbeiten kann. Der Mixerbehälter sollte ein ausreichendes Fassungsvermögen von mindestens 1 l haben. Behälter aus kratzfestem Glas sind leichter zu reinigen, behalten auch nach häufiger Anwendung ihr Aussehen und sind hygienischer als Plastikaufsätze, die schnell zerkratzen. Am unteren Ende, dem Aufsatz, befindet sich das wohl wichtigste Werkzeug: der Messereinsatz, der aus Edelstahl bestehen sollte. Manche sind abnehmbar, ein Vorteil bei der Reinigung, wenn Sie beispielsweise faseriges Obst verwenden. Schließlich gehört natürlich noch ein Deckel dazu, damit beim Arbeiten nicht unfreiwillig die Wände lebensmittelecht gestrichen werden. In den Deckel integriert ist eine abnehmbare Messkappe, mit der man, ohne den ganzen Deckel abzunehmen, beispielsweise noch weitere Zutaten hinzufügen kann.

Tipp: Auch mit Aufsätzen von Küchenmaschinen kann man gut mixen: Sie sind meist im Lieferumfang enthalten, aber eventuell nicht so leistungsstark wie ein Standmixer. Die Funktionsweise ist ähnlich.

Welches Gerät Sie sich nun anschaffen oder nutzen, hängt jedoch von Ihrem Geldbeutel ab. Die Preisspanne bewegt sich ab circa 20 Euro aufwärts – ohne Limit. Aber preiswerte Gerät müssen nicht schlecht sein: Oft gibt es Sonderposten bei Discountern, die in nichts den teuren Modellen nachstehen. Haben Sie aber nun doch ein nicht ganz so leistungsfähiges Modell erwischt, zerklei-

Was sind Smoothies?

> **INFO**
>
> ### Eis crashen und dabei Dampf ablassen
>
> Haben Sie keinen Eiscrasher? Fehlt bei Ihrem Mixer diese Funktion? Oder hatten Sie einen schlechten Tag und nun eine gehörige Menge Wut im Bauch? Kein Problem: Geben Sie eine kleinere Menge Eiswürfel oder gefrostetes Obst in einen Gefrierbeutel und schlagen Sie kräftig mit dem Nudelholz drauf. Am besten ein dickes Handtuch oder eine Gummimatte auf die Arbeitsplatte legen, damit Ihre Nachbarn nicht zu Hilfe eilen! Morgens wird das sicherlich nicht ganz so vorteilhaft sein. Diese eher brachiale Technik kann aber eben auch gegen Wut und Frust helfen und die Muskeln stählen: Eis crashen als Fitnesstraining und zum Abreagieren. Im Vergleich zu dieser Methode wirkt das Eis mahlen mit der Maschine schon fast langweilig ...

nern Sie einfach zuvor die harten Früchte, insbesondere bei faserreichem Obst wie Ananas, da sonst alles an den kleinen Messern hängenbleibt. Dann funktioniert das Mixen auch mit schwächeren Motoren.

Eis-Crasher gibt es schon recht preiswert. Für die Herstellung von Smoothies lohnt sich die Anschaffung. Es gibt sie als elektrisches Gerät, hier wird das Eis auf Knopfdruck gecrasht: Man gibt die Eiswürfel oben in einen Behälter, ein starkes Mahlwerk zercrasht das Eis und es landet in einen Auffangbehälter, den man dann direkt in den Mixer entleeren kann. Ähnlich funktionieren einfache Geräte, bei denen man per Hand mit einer Kurbel das Eis zerkleinert.

Viele Mixer oder Blender haben eine eigene Eis-Crash-Funktion. Ob Sie das Eis zusammen mit den Zutaten in das Gerät geben können, kommt auf die Leistungsfähigkeit des Motors an. Testen Sie es aus. Ist der Motor zu schwach und bleiben zu große Eisstücke übrig, versuchen Sie es in zwei Durchgängen: Zuerst das Eis crashen, dann die Zutaten hinzufügen. Oder Sie crashen das Eis, schütten es in einen Behälter um und gehen wie im Rezept angegeben vor.

Die Smoothie-Diät

Die Smoothie-Diät

Gewicht reduzieren mit »Meal Replacement«

Dass Smoothies gesund sind, wissen wir nun. Aber wie genau sieht die Smoothie-Diät aus? »Meal Replacement«, Mahlzeitenersatz, lautet hier die verheißungsvolle Zauberformel, die eine schnelle Gewichtsreduktion bewirken kann. Beim Meal Replacement gilt es, ganz einfach eine oder mehrere Mahlzeiten pro Tag durch Smoothies zu ersetzen. Das hat den Vorteil, dass die Diät einfach zu handhaben ist und nicht viel Zeit erfordert: Mixern Sie sich Ihren Lieblingssmoothie, je nach Tagesform und -zeit. Trotz einer hohen Kalorienrestriktion erhält Ihr Körper alle lebensnotwendigen Nährstoffe, denn sie sind perfekt zusammengestellt in den Smoothie-Rezepten.

Was noch toll ist: Es wird nicht auffallen, dass Sie Diät halten, denn Smoothies sind einfach hippe Drinks, die nicht an Verzicht erinnern. Selbst im Büro wird es niemand bemerken, wenn Sie einen Diät-Smoothie schlürfen. Rüsten Sie Ihr Büro also mit einem Mixer und frischem Obst auf und smoothen Sie selbstbewusst drauflos. Dieses Equipment am Arbeitsplatz ist lästig? Nun, echte Smoothie-Fans genießen ihren Drink nun mal frisch gemixt. Zur Not können Sie ihn natürlich auch in Kühlbechern oder Thermoskannen verpackt von zu Hause mitnehmen und im Kühlschrank bis zum Genießen aufbewahren. Selbst unterwegs gibt es so keine Ausrede mehr, Ihre Diät zu unterbrechen. Ein Tag im Wellness-Bad oder Fitness-Studio? Nehmen Sie Ihren Diät-Smoothie mit. Wetten, dass alle neidisch auf Ihre Mahlzeit schielen? Von Diät-Mitleid keine Spur!

Wie funktioniert die Smoothie-Diät?

Planen Sie auf jeden Fall Booster auf Eiweißbasis ein, damit Sie genügend Proteine zu sich nehmen. Viel Obst und Gemüse sowie magere Eiweißquellen sind bei einer Diät von außerordentlicher Bedeutung. Denn insbesondere Eiweiß stärkt, formt und stylt unsere Muskeln und damit unseren Körper. Es dient normalerweise nicht der Energiegewinnung, nur in Notzeiten greift der Körper auf seine Proteinreserven zurück. Während einer extremen Reduktionsdiät werden dann ausgiebig eiweißreiche Muskeln abgebaut: Der Körper und die Kraft schlaffen ab. Nicht so bei der Smoothie-Diät: Durch die urgesunden Booster (ab Seite 62) erhalten Sie von allem genug.

Smoothes Kilopurzeln

Mit der Smoothie-Diät kann man tatsächlich bis zu 2 kg pro Woche abnehmen. Grund dafür ist, dass durch die spezielle Nahrungskombi – insbesondere der Booster – die Bildung von aktiven Schilddrüsenhormonen im Körper angeregt wird: Ein spezielles Fatburnerhormon potenziert sich (siehe Seite 23), der Stoffwechsel und die Fettverbrennung werden angeheizt.

Neben den hochkomplexen Aminosäuren gibt es aber noch weitere lipolytische (fettauflösende) Substanzen in Mengen bei den schlanken Smoothies. Sobald es dem Körper an diesen Stoffen mangelt, greift er nicht mehr auf seine Fettdepots zurück. Gibt man ihm jedoch genug davon, z. B. durch Eiweiß-Smoothies, werden alle Körperfunktionen aufrechterhalten, Hormone, Enzyme und Botenstoffe werden gebildet und die Fettverbrennung optimal in Gang gebracht. Eigentlich nimmt man sogar im Schlaf ab, denn die Diät-Smoothies geben Ihnen genau die Proteine, aus denen während des Schlafes das Wachstumshormon STH gebildet wird, das die Fettzellen abbaut. Eine Diät mit Smoothies führt dazu, dass Sie schnell Ihr Fett wegbekommen – Körperfett, versteht sich. Dennoch gibt es keinen Hautschlaff-Effekt: Das bewirkt die tolle Zusammensetzung der Smoothies.

Die Smoothie-Diät

10 Gründe für eine Smoothie-Diät

Sie wollen auf die Schnelle ein paar Pfunde purzeln lassen? Mit Smoothies kann man durchaus eine begrenzte Zeit einen Diätkostplan durchführen – wenn man bestimmte Richtlinien einhält. Dann aber geht eine Gewichtsreduktion einfach, turbo-schnell und gesund.

1. Sie bestimmen das Tempo

Ersetzen Sie Mahlzeiten durch Smoothies und bestimmen Sie selber, wie schnell Sie abnehmen wollen. Wenn Sie alle Mahlzeiten mit Smoothies ersetzen, kommen Sie auf 800–1200 kcal pro Tag, bei einer oder zwei Mahlzeiten mit Smoothies dauert das Abnehmen eben länger. Die Langfristigkeit ist jedoch zu empfehlen, denn zu schnelles Abnehmen bringt nichts. Und sich nur mit flüssiger Nahrung zu verköstigen, hat man schnell über. Ein vollständiger Ersatz der Normalkost durch Smoothies ist wirklich nur als Einstiegsmotivation zu empfehlen, wenn man zu Beginn ganz schnell einen Erfolg sehen möchte, um dann langfristig weiterzumachen. An einer puren Smoothie-Diät von 2–3 Wochen ist aus medizinischer Sicht nichts einzuwenden.

2. Schnell und gesund abnehmen

Zunächst schwemmt der Körper eine große Menge Wasser aus, danach ist das Depotfett dran. Verbunden mit einem Fitness-Programm gelingt Ihnen ein hervorragendes Resultat: bis zu 2 kg leichter pro Woche!

Wie funktioniert die Smoothie-Diät?

Grund dafür ist, dass durch diese Nahrungskombi die Bildung von aktiven Schilddrüsenhormonen im Körper angeregt wird.

3. Kraftstoff tanken

Smoothies enthalten das Beste aus der Natur: hochkomplexe Zutaten, die das Ernährungsprinzip Low-Carb und Low-Fat berücksichtigen. Und sie sind echte Power-Pakete. Die »gutartigen« Kohlenhydrate aus Obst und Gemüse liefern den richtigen Kraftstoff: Sie werden am schnellsten und effektivsten verwertet. So tanken sie uns auf und halten uns länger fit, dem Hunger wird – anders als bei »leeren« Snacks – ein Schnippchen geschlagen. Und wir sind die lachenden Gewinner.

4. Bodyshaping von innen

Smoothies sind Ernährung von innen für das Aussehen von außen. Dies geschieht insbesondere durch die hochwertigen Proteine der Booster. Mit den gesunden schlanken Smoothies bekommt Ihr Körper ausgewogen, was er benötigt, um gesund, munter und schön zu bleiben. Toller Nebeneffekt: Eiweiß ist für eine gesunde Haut, schönes Haar und ein straffes Gewebe der wichtigste Vitalstoff. Unsere Haut regeneriert sich ständig. Wichtig dafür ist der Eiweißbaustein Kollagen: Er strafft die Haut und kräftigt das Haar.

5. Training für das Immunsystem

Ein intaktes Immunsystem und gesunde Abwehrkräfte sind der ideale Schutz vor oxidativem Stress. Hierbei entstehen nämlich freie Radikale, also aggressive Substanzen, die den Körper angreifen. Antioxidanzien aus Obst und Gemüse puschen die körpereigenen Abwehrkräfte und bieten auf diese Weise einen effektiven Schutz. Die Pflanzenwirkstoffe wie Vitamine, Karotine und Mineralstoffe in den Smoothies sind dabei der Schlüssel zur Vorbeugung von Herzerkrankungen, Krebs und Allergien.

6. Ernährungs-Balance und das richtige Maß

Eine ausgewogene Mischung aus den richtigen Nährstoffen bringt Sie in die richtige Balance. Vitamine und Mineralstoffe sollten nicht nur ausreichend, sondern auch in der richtigen Relation zueinander vorhanden sein und aufgenommen werden. Aber haben Sie Lust und Zeit, permanent mit Nährwerttabellen zu hantieren? Mit den Naturstoffen aus Obst und Gemüse sowie den gesunden anderen Smoothie-Zutaten sind Sie immer auf der sicheren Seite. Dafür sorgt schon die Natur allein. In naturbelassener Nahrung finden Sie alles im richtigen Maß: Vergessen Sie Ihre Tabellen, nehmen Sie sich lieber Zeit zum Genießen!

7. Ein lockeres Leben

Ein Stoff, der uns im wahrsten Sinne des Wortes locker werden lässt, ist Magnesium: Dieser Mineralstoff unterstützt lebenswichtige Funktionen von Muskeln und Nerven und sorgt für ein gesundes Immunsystem. Zudem ist Magnesium an Aufbau und Erhalt

Die Smoothie-Diät

der Zähne und des Skelettsystems beteiligt, verhindert Herzrhythmusstörungen und Bluthochdruck und ist wichtig für den Energie- und Eiweißstoffwechsel. Für jede Muskelbewegung wird Magnesium gebraucht – gerade beim Sport ist das wichtig. Auch wer Fett verbrennen will, braucht Magnesium. Es steckt nämlich in allen Fettzellen und steuert von dort aus die Fettverbrennung. Erhält der Körper genügend Magnesium, läuft die Fettverbrennung auf Hochtouren. Ihre tägliche Dosis erreichen Sie mit Smoothies ganz leicht, denn es ist in nahezu allen Zutaten reichlich vorhanden.

8. Gute Laune
Insbesondere die essenzielle Aminosäure Tryptophan spielt beim Abnehmen eine wichtige Rolle: Sie ist die Vorstufe von Serotonin – ein Stoff, der uns Zufriedenheit und positive Lebenseinstellungen vermittelt. Serotonin ist ein echter »Wohlfühl-Stoff«, der auch das Hungergefühl über viele Stunden abschalten kann. Nimmt man also Nahrung mit viel Tryptophan zu sich, kann man einen gewissen Sattheitsgrad erreichen.

9. Body-Design und Brainfood
Gehirnjogging und Brainfood sind ja derzeit Zauberworte, die alle aufhorchen lassen. Fakt ist, dass aus bestimmten Nahrungsbestandteilen Botenstoffe für unser Gehirn hergestellt werden können. Und in den Smoothies steckt wahres Gehirnfutter, insbesondere in den Boostern mit Eiweißzusatz. Die Vitalstoffe von Obst und Gemüse beeinflussen das Erinnerungsvermögen unseres Gehirn positiv und frischen es regelrecht auf. Sie wirken nämlich durchblutungsfördernd und versorgen das Zerebrum mit genügend Sauerstoff. Resultat: Sie können sich besser konzentrieren und mehr leisten.

10. Smoothies machen aktiv und passen zu Fitness und Sport
Durch zu wenig körperliche Aktivitäten steigen die Gesundheitsrisiken. Den sogenannten Lifestyle-Krankheiten – Rückenbeschwerden, Osteoporose, Diabetes, Allergien, Herz- und Kreislaufproblemen – kann Sport ausgezeichnet vorbeugen. Sport liefert aber vor allem Motivation für einen gesünderen und aktiveren Lebensstil. Nur wer gesund ist, bleibt auch leistungsfähig. Körperlich ausgeglichene Menschen sind leistungsbereiter und belastbarer. Und nichts passt so hervorragend zu Sport und Fitnesstraining wie Smoothies mit ihrem hohen Eiweiß- und Kohlenhydratanteil. Sie liegen nicht schwer im Magen, man kann sie schnell zubereiten und vor oder nach, ja sogar während des Trainings schlürfen: Diese knallbunten Super-Drinks passen ganz einfach in Ihr neues, fittes Leben.

Wie funktioniert die Smoothie-Diät?

> **INFO**
>
> **Macht satt: die Aminosäure Tryptophan**
>
> Ein Proteinbaustein spielt beim Abnehmen eine wichtige Rolle: Die lebensnotwendige Aminosäure Tryptophan. Sie ist die Vorstufe von Serotonin – ein Stoff, der uns Zufriedenheit und positive Lebenseinstellungen vermittelt. Fehlt er, kann das zu einer Depression führen. Serotonin wird daher auch als Glückshormon bezeichnet – ein echter »Wohlfühl-Stoff«. Das Tolle daran ist: Serotonin kann außerdem das Hungergefühl zentralnervös im Esszentrum unseres Gehirns über viele Stunden abschalten.
>
> Nimmt man also Nahrung mit viel Tryptophan zu sich, erreicht man einen exzellenten Sättigungsgrad. Unsere Smoothie-Diät bietet diesen Wunderstoff in Hülle und Fülle: Ein Pappsatt-Gefühl ist vorprogrammiert durch die smoothen Gesunddrinks. Zusammen mit all den anderen beachtlichen Substanzen der Smoothies kann man glücklich und zufrieden abnehmen. Schöner Nebeneffekt: Eiweiß ist für eine gesunde Haut, kräftiges Haar und ein straffes Gewebe der wichtigste Vitalstoff. Unsere Haut regeneriert sich ständig. Wichtig dafür ist der Eiweißbaustein Kollagen: Er hält die Haut faltenfrei und kräftigt das Haar. Nimmt man hochkomplexes Eiweiß zu sich, leistet man demnach täglich einen Beitrag für seine Schönheit von innen heraus.

Smoothie-Diät-Plan

Wenn Sie beispielsweise alle Mahlzeiten durch Smoothies ersetzen, nehmen Sie nur 800–1000 kcal zu sich und brauchen sich über die Zusammensetzung keine Gedanken zu machen: Ihre Ernährung ist ausgewogen. Ersetzen Sie einfach so lange alle Tagesmahlzeiten durch Smoothies, bis Sie Ihr erstes Diätziel erreicht haben – Ihre erste Diätetappe.

Ausgezeichnet wirkt die Diät, wenn Sie die drei Hauptmahlzeiten durch Booster ersetzen, vor allem abends. Dann funktioniert die Smoothie-Zauberformel optimal, denn die Produktion des Wachstumshormons kommt nun so richtig in Schwung. Für den kleinen Hunger zwischendurch – falls der Sie überhaupt belästigen sollte – wählen Sie einfach ein halbes Smoothie-Rezept.

Die Smoothie-Diät

Rechnen wir:
3-mal ca. 250 kcal + 2 halbe Rezepte
à 100 kcal = 850 kcal

Trinken Sie viel dabei, bevorzugt Mineralwasser. Nebeneffekt: Das löscht nicht nur den Durst und macht schön, sondern bietet auch dem Hunger Paroli. Im Rezeptteil sind die Kalorienangaben jeweils angegeben. Stellen Sie sich also Ihren eigenen Smoothie-Plan selber zusammen – je nach Gusto. Bei welcher Diät »darf« man das schon?

Rechnen Sie nach dieser Faustregel: 7000 Kalorien weniger bedeuten 1 kg Gewichtsverlust. Haben Sie vorher also pro Tag bis zu 3000 kcal »genossen«, kommen Sie mit der puren Smoothie-Diät auf eine Ersparnis von über 2000 kcal – mal 7 ergibt das eine Ersparnis von über 14000 kcal pro Woche: 2 kg Gewicht sind gepurzelt. Juchhu!

Martern Sie sich aber auf keinen Fall! Wenn es nicht mehr geht, ersetzen Sie nur noch eine, besser zwei Mahlzeiten durch Protein-Smoothies, wie es Ihnen im Tagesablauf am besten passt. Für die restlichen Mahlzeiten wählen Sie solche Diät-Rezepte, die Ihnen zusagen, die Ihnen schmecken, die ausgewogen, aber kalorienarm sind.

Die Geschwindigkeit, mit der Sie abnehmen, ist sehr individuell und hängt stark vom Ausgangsgewicht ab bzw. wie hoch Ihr Kalorienverbrauch vor der Diät war. Mit dem geeigneten Fitness-Workout kann das Tempo aber erhöht werden. Kurzfristig und zur eigenen Motivation können Sie die empfohlene Kalorienzufuhr unterschreiten: Das lässt schneller die Pfunde purzeln. Achten Sie bitte darauf, dass es nur für kurze Zeit 1000 Kalorien oder gar weniger sein

Wie funktioniert die Smoothie-Diät?

> **INFO**
>
> **Langsam, aber stetig zum Wunschgewicht**
>
> Am besten ist eine Kalorienaufnahme von 1500–1800 kcal am Tag. Bei vorher 3000 kcal sparen Sie nun 1200 kcal am Tag und nehmen 1 kg pro Woche ab, zuerst mehr, dann stagniert es etwas – das gefürchtete Gewichtsplateau – und führt danach in 1-kg-Schritten zum Zielgewicht.

sollten. Rechnen Sie hierfür nicht mehr als 2–3 Wochen ein, dann gehen Sie wieder zur langfristigen 1800-kcal-Diät über.

Ihre Ernährung sollte auf jeden Fall so sein, dass Sie Ihre Leistung steigern können, um einfach besser und länger durchzuhalten. Das wird Ihnen bei dieser Diät leicht fallen, weil sie Sie fit macht und Ihre Energie fördert.

Schnell werden Sie merken, wie gut Ihnen das Meal Replacement bei dieser Diät bekommt: Ein leckeres Booster-Frühstück lässt Sie beispielsweise leicht »in den Tag springen«, andere Smoothies machen Sie fit während des Tages und unternehmungslustig am Abend, um Sie dann sanft schlummern zu lassen: Für jede Diät-Gelegenheit finden Sie Rezepte im Buch.

Bei der Smoothie-Diät sind Sie allein der Regisseur Ihres Abnehmens: Sie bestimmen verantwortungsbewusst das Tempo und »was und wann auf Ihren Diät-Tisch kommt«. Aber denken Sie daran: Es hat sicherlich Wochen, Monate und Jahre gedauert, das Übergewicht anzufuttern. Natürlich schaffen Sie es nicht in 3 Wochen, all das wieder »wegzuhungern«. Wenn Sie sich jedoch an die wenigen Regeln der Smoothie-Diät halten, gelingt es Ihnen sicherlich, schnell abzunehmen.

Smooth Operator für Frust-Tage

Kennen Sie das? Sie haben beschlossen eine Diät zu machen. Der Morgen lief noch ganz gut, aber dann gab es einen Frust-Tag. Sie sind geschafft und schaffen daher Ihre Diät nicht. Und das Resultat dieser Stimmung – Sie haben nur noch einen Wunsch: Nach Hause,

Die Smoothie-Diät

vorher noch rasch in den Supermarkt, dann ab zum Kühlschrank und essen, essen, essen ... damit Sie endlich wieder ruhig werden.

Es ist nun einmal so: Wer unter Druck steht, isst mehr, weil essen an sich schon entspannend wirkt. Wer es also schafft, psychische Belastung abzubauen, tut damit gleichzeitig etwas für seine Figur. Schon eine Lesestunde, ein Spaziergang, ein Schaumbad, ein Saunabesuch oder eine Massage können helfen, den stressbedingten Appetit zu reduzieren.

Versuchen Sie doch einmal das: Werden Sie zum raffinierten Smooth Operator (was soviel heißt wie »Schurke« oder »Gauner«) und ergaunern Sie sich Ihren Diät-Tag zurück! Und hier das »schurkenhafte« Rezept: Legen Sie alle Zutaten für Ihren Lieblingsbooster bereit, dann ziehen Sie sich die bequemsten Klamotten an, die Sie haben. Jetzt bereiten Sie sich Ihren Smoothie zu, das geht hyperschnell. Schütten Sie ihn in ein schön dekoriertes Glas und setzen Sie sich gemütlich in Ihre Lieblingsecke. Dann spielen Sie ganz laut den Kuschelsong von Sade: Smooth Operator. Genießen Sie die samtige Stimme der Sängerin und schlürfen Sie dabei genüsslich Ihren ebenso samtigen Smoothie. Lauschen Sie der Musik, summen Sie ruhig mit, lächeln Sie dabei. Nach kurzer Zeit werden Sie merken: Ihre Stimmung steigt, das Glücksgefühl – her-

vorgerufen durch die besondere Atmosphäre, aber auch durch den speziellen Glücksstoff Serotonin im Smoothie – lässt jedes Diät-Tief verschwinden. Natürlich funktioniert dies auch mit jedem anderen Schmuse-Song, aber »Smooth Operator« passt halt zu Smoothies. Vielleicht schaffen Sie es anschließend sogar, nach einem schnellen Lied wild zu tanzen? Wetten: Eine Heißhungerattacke wird so hervorragend umschifft. Und Sie fühlen sich wieder stark genug, dem Schurken »Diät-Depression« lachend Kontra zu geben. Glauben Sie an sich und an Ihre Stärke und lösen Sie sich von negativen Gedanken. Übrigens: Das hilft auch gegen andere »Schurken« im Leben.

Auch das hilft bei einem Abnehmtief: Gehen Sie nicht *in* die Luft, sondern *an* die Luft: Bewegen Sie sich viel an frischer Luft, ob beim Sport oder mal eben nur Luft schnappen und spazieren gehen. Genießen Sie die Zeit an der frischen Luft als Auszeit für Ihren stressigen Alltag. Frische Luft bei Sonne oder Wind und sogar Regen befreien regelrecht den Geist und lenken Sie von Frust-Diät-Gedanken ab. Frische Luft tut dabei nicht nur Ihrem Gemüt gut, sie

> **TIPP**
>
> **Zusammen abnehmen macht mehr Spaß**
>
> Weihen Sie doch Ihre besten Freunde in Ihr köstliches Diätgeheimnis ein und veranstalten Sie mit ihnen Smooth-Partys mit Smooth-Songs und schmalzigen Filmen – und schlürfen Sie dabei gemeinsam sanfte Smoothies.

kurbelt auch Ihren Stoffwechsel so richtig an. Lassen Sie sich daher den Wind um die Nase wehen und die Natur auf sich wirken. Ihr Körper dankt es Ihnen: Durch die erhöhte Sauerstoffzufuhr werden nämlich alle Organe hervorragend mit Sauerstoff versorgt, der Körper wird von innen heraus so richtig durchlüftet, die Fettverbrennung wird aktiviert und kommt in Fahrt.

Oder machen Sie doch mal an einem Sonnentag ein Picknick mit Smoothies im Grünen. Bauen Sie auf jeden Fall den Aufenthalt an frischer Luft an typischen Heißhungertagen ein – Ihre Psyche wird gestärkt und die Pfunde schmelzen. Und das sind keine Luftschlösser.

Die Smoothie-Diät

Smooth-Days zum Gewichthalten

Haben Sie nun endlich Ihr Wunschgewicht erreicht? Herzlichen Glückwunsch! Eigentlich beginnt aber nun die schwierigste Phase: Sie müssen Ihr Gewicht auch halten können. Sicherlich gelingt das nicht völlig, denn Sie werden nach der Smoothie-Diät sicher wieder 1–2 Kilo zunehmen. Das ist völlig normal. Doch sollten es nach Möglichkeit nicht mehr als 5 Kilo werden. Zu schnell würden Sie wieder in die negative Gedankenspiralen verfallen und sich selber aufgeben.

Wenn Sie also trotz aller Anstrengungen wieder zu viel gegessen haben – sei es bei Festen und Feiern oder weil Sie das einfach einmal brauchten –, legen Sie einfach einen Smooth-Day ein: Ein, zwei Tage Smoothie-Diät mit nur 800–1000 kcal werden sicher helfen, die Esslust-Falle zu umschiffen. Oder Sie planen einen Smooth-Day regelmäßig zwischendurch ein, etwa einmal die Woche.

Auch das geht: Haben Sie vor, einmal zu »sündigen« – bei einer Einladung zum Geburtstag etwa? Sparen Sie die Kalorien voher ein: Ersetzen Sie das Frühstück und das Mittagessen durch kalorienarme Smoothies. Dann kann man ohne schlechtes Gewissen essen und muss sich nicht hinterher mit extremem Darben »bestrafen«. Tatsache ist, dass man nach einem abendlichen, opulenten Mahl sowieso am nächsten Morgen einen Bärenhunger hat. Außerdem weiß man, wofür man es macht. Vorfreude ist ein besserer Motivator als ein schlechtes Gewissen danach.

Nutzen Sie immer Ihre Smoothies unkompliziert als Diät-Trumpf in der Hinterhand. Das macht Sie sicher, stark und hilft gegen frustrierende, negative Gedanken, die alleine schon dick machen: Denn Angst vor Essen verursacht Übergewicht.

Ruck, zuck – genießen!

Ruck, zuck – genießen!

Frucht-Smoothies

Wir wissen nun, wie gesund und lecker unsere Smoothies sind und wie sie uns beim Abnehmen helfen. Gehen wir nun wirklich ans Werk. Dazu ist nicht viel zu beachten: Die Zutatenliste ist übersichtlich, Milligramm-genaues Auswiegen und Ausmessen fallen weg, denn die Mengenangaben sind erfreulich einfach:

- EL = Esslöffel
- TL = Teelöffel
- Tasse = normale Kaffeetasse

Geben Sie die Zutaten in der Reihenfolge der Liste in den Mixer und bearbeiten Sie die Smoothies wie im Rezept beschrieben. Es ist zudem ganz häufig zerstoßenes Eis angegeben, wodurch die Smoothies ja so herrlich sämig werden. Sie können es weglassen, wenn es Ihnen zu kalt ist oder wenn Sie vorab das Obst gefrostet haben bzw gefrorenes Obst verwenden.

Aufgeteilt sind die Rezepte in reine Frucht-Smoothies, in Booster-Rezepte und pikante Smoothies. Die Kalorienzahl ist ebenfalls angegeben: Stellen Sie sich also Ihren Mahlzeitenplan zusammen, je nachdem, worauf Sie Lust haben und wie schnell Sie abnehmen wollen. Die Energieeinsparung pro Tag wählen Sie selber. Sie sind Ihr eigener Abnehm-Coach, ohne mühevolles Rechnen und Regeln einhalten. Sicherlich werden Sie auch ein wenig über die originellen Namen der Superdrinks schmunzeln: Diese sind typisch für die witzige, spaßige und ein wenig grelle Smoothie-Welt.

Viel Spaß nun beim Zubereiten, erfinderischem Dekorieren und natürlich Genießen.

Frucht-Smoothies

Green Dreams are made of this

Power für die Muskeln und das Immunsystem.

- 3 Kiwis
- 1 Tasse Ananasstücke
- 1 Tasse grüne Apfelstücke mit Schale
- 1 TL Honig
- $1/2$ Tasse zerstoßenes Eis

▎ Die Kiwis aushöhlen, am besten mit einem speziellen Löffel oder einem Teelöffel. Die Kiwibällchen zusammen mit den anderen Früchten und Zutaten vermixern, bis alles grün-sämig und schaumig ist. Mit Apfelspalten und Minzeblättchen am Glas dekorieren

190 KCAL

Strawberry-Melon-Power

Regt enorm den Stoffwechsel an und baut Schlacken ab.

- 1 Tasse Erdbeeren
- 1 Tasse Honigmelonenstücke
- 1 Orange
- 1 Banane
- 1 TL Honig
- 1 TL Honig
- $1/2$ Tasse zerstoßenes Eis

▎ Alle Zutaten in den Mixer geben und smoothen, bis ein dickflüssiger Powerdrink entsteht.

190 KCAL

INFO

Wichtiges über Ananas

Die Ananas besitzt ein eiweißspaltendes Enzym, das Bromelain. Dadurch ist die Ananas leicht verdaubar und macht Fleisch schön zart, beispielsweise in exotischen Gerichten. Bei Smoothies mit Milcherzeugnissen allerdings bewirkt das Enzym, dass das Endprodukt nach einiger Zeit wässrig wird oder sich sogar der Geschmack verändert. Smoothies mit Ananas sollten Sie daher am besten sofort nach der Fertigstellung genießen. Ausgereift ist eine Ananas übrigens, wenn sich die mittleren Blätter des Blattschopfes leicht ablösen lassen.

Ruck, zuck – genießen!

Vitaminbombe

Macht fit und schön, regt den Stoffwechsel an und wirkt wie Gehirnjogging.

- $1/2$ Tasse Mangostücke
- $1/2$ Tasse Ananasstücke
- 1 Tasse Erdbeerstücke
- $1/2$ Orange
- 1 Kiwi
- 1 TL Honig
- $1/2$ Tasse zerstoßenes Eis

▌ Geben Sie alle Zutaten zusammen in den Mixer und shaken Sie sie auf höchster Stufe, bis ein ganz cremiger Smoothie-Traum entsteht. In ein Glas füllen und mit einer Erdbeere mit Grün dekorieren.

▌ Sie können auch tiefgefrorenes Obst benutzen, dann fällt das Eis weg.

180 KCAL

Springtime-Smoothie

Supermedizin für den »inneren Hausputz« im Frühjahr.

- 1 Stange Rhabarber
- $1/2$ Tasse Apfelsaft
- 1 Tasse Erdbeeren
- 1 Tasse Bananenstücke
- 1 TL Honig
- $1/2$ Tasse zerstoßenes Eis
  einige Basilikumblätter

▌ Den Rhabarber putzen, klein schneiden und in 100 ml Apfelsaft bei milder Temperatur musig dünsten. Während der Rhabarber abkühlt, die Erdbeeren und die Banane im Tiefkühlfach anfrieren. Dies ist ratsam, da so der Rhabarber nochmals besser runterkühlt.

▌ Den kalten Rhabarbermus mit den Früchten, dem Honig, das Basilikum und dem Eis mindestens 3 Minuten mixen. Das Basilikum hebt in dem Rezept den Erdbeergeschmack hervor.

200 KCAL

Ruck, zuck – genießen!

Violet Summer Dream

Ein beeriger Anti-Aging-Drink, gut für die Verdauung.

- $1/2$ Tasse Brombeeren
- $1/2$ Tasse Heidelbeeren
- $1/2$ Tasse Zwetschgen
- 1 Feige
- 3 Trockenpflaumen
- $1/2$ Tasse Holunderbeerensaft
- $1/2$ Tasse zerstoßenes Eis

▌ Alles zusammen in den Mixer schütten und 3 Minuten mixen. Kalt genießen.

180 KCAL

Fruity Fruit Power

Wirkt gegen jedes Leistungstief, stärkt Gehirn und Nerven und macht pappsatt.

- 1 Banane
- 1 Orange
- 1 Tasse Erdbeeren
- $1/2$ Tasse zerstoßenes Eis
- 1 TL Honig

▌ Alle Zutaten zusammen in den Mixer geben, eventuell noch mit einem Spritzer Limettensaft würzen, dies mildert ein wenig die Fruchtsüße.

190 KCAL

Berry Berry Best

Wirkt wie eine flüssige Vitaminpille und ist ein echter Anti-Aging-Booster.

- ¹/₂ Tasse Brombeeren
- ¹/₂ Tasse Himbeeren
- ¹/₂ Tasse Erdbeeren
- ¹/₂ Tasse entsteinte Kirschen
- ¹/₂ Tasse Holunderbeerensaft
- 2 TL Goji-Beeren, getrocknet
- 2 TL Cranberrys, getrocknet
- ¹/₂ Tasse zerstoßenes Eis
- 1 TL Honig

▌ Geben Sie alle Zutaten in den Mixer und vermischen Sie alles für 3 Minuten. Kaufen Sie einfach tiefgekühltes, ungesüßtes Beerenobst. Das ist preiswert und erleichtert die Zubereitung.

130 KCAL

INFO

Goji-Beeren halten jung und gesund

Einen Anti-Aging-Power-Smoothie erhalten Sie, wenn Sie 1 TL Goji-Beeren dazugeben. Viele Stars schwören auf die gesunde Wirkung dieser Beeren aus Tibet, die in China ein fester Bestandteil der traditionellen Medizin sind. Die Goji-Beere ist eine wilde, seltene Beere, die mehr als sechsmal nährstoffdichter ist als Bienenpollen und proportional zu ihrem Gewicht 500-mal mehr Vitamin C enthält als Orangen. Sie verdient es von daher, ein echtes Wundermittel genannt zu werden. Sie ist reich an 18 Aminosäuren, den Vitaminen A, B1, B2, C und E sowie 21 Mineralstoffen, wie Mangan, Zink, Eisen, Kupfer, Nickel, Chrom, Magnesium, Kalzium, Natrium, Kalium, Kobalt, Selen, Cadmium, Phosphor und Germanium. In Tibet sind die Vorteile der Goji-Beere für die Gesundheit und das Immunsystem seit Jahrtausenden bekannt. Bei uns wird sie als super Anti-Aging-Mittel und »Waffe« gegen Cellulite eingesetzt. Kaufen kann man sie insbesondere übers Internet bei Lieferanten für Nahrungsergänzungsmittel.

Smoothige Zubereitungen

Kleine Tricks für Mangos und Ananas

Mangos werden gerne für Smoothies verwendet. Wie aber schneidet man Mangos, ohne dass die Küche danach völlig mit Mangosaft verklebt ist oder die geschälte Frucht einem aus den Händen und über den Boden glitscht? Das ist eigentlich ganz einfach, wenn man einige Tipps berücksichtigt:

Zunächst die Mango halbieren – sie bleibt beim Rollen immer so liegen, dass sich der Kern parallel zur Tischplatte befindet. Die beiden »Mango-Backen« sehr nah am Kern entlang schneiden.

Eine Hälfte in die Hand nehmen und mit einem spitzen, scharfen Messer ein Karomuster tief bis an die Schale in das Fruchtfleisch schneiden. Die Würfelgröße sollte ca 2 Zentimeter betragen.

Krempeln Sie jetzt einfach die Mangohälfte um. Nun können Sie die Fruchtwürfel ganz leicht von der Schale trennen.

Die Fruchtstücke können Sie so in den Mixer geben. Falls sich noch Fruchtfleisch am Kern befindet, einfach mit dem Messer abschneiden.

Kleine Tricks für Mangos und Ananas

Zum Aufschneiden einer Ananas verwenden Sie am besten zwei verschiedene Messer oder Sie spülen das Messer nach dem Schälen gut ab, bevor Sie die Frucht zerteilen. Der Grund: In der Schale der Ananas ist ein Inhaltsstoff enthalten, der Entzündungen der Mundschleimhaut und im Rachenraum hervorrufen kann. Auch die winzigen stacheligen Dörnchen aus den Augen der Ananasschalen, die zum Teil tief im Fruchtfleisch liegen, können Reizungen im Mund hervorrufen. Also alles möglichst großzügig abschneiden.

Zuerst schneiden Sie den holzigen Boden der Ananas mit einem scharfen Messer ab, ebenso den oberen Teil der Frucht.

Danach halbieren Sie die Frucht der Länge nach, die Hälften werden anschließend nochmals längs geschnitten.

Jetzt haben Sie vier Ananasschiffchen vor sich liegen. Für Smoothies können Sie auch den holzigen Mittelteil mitverarbeiten: Er enthält eine Menge gesunder Stoffe.

Zuletzt löst man das Fruchtfleisch, indem man mit einem scharfen Sägemesser zwischen Fruchtfleisch und Schale großzügig von oben nach unten schneidet.

Ruck, zuck – genießen!

Sunshine Reggae

Beauty-Smoothie: toll für Haut und Haare, wirkt entwässernd.

- 1 Stange Rhabarber
- 1/2 Tasse Pfirsichsaft
- 1 Tasse Pfirsichstücke
- 1 Tasse Aprikosenstücke
- 3 getrocknete Aprikosen
- 1 TL Honig
- 1/2 Tasse zerstoßenes Eis

▮ Rhabarber abziehen, in Stücke schneiden, in 100 ml Pfirsichsaft und 50 ml Wasser weich dünsten und erkalten lassen – am besten einen Tag vorher zubereiten und kalt stellen. Dann mit den restlichen Zutaten in den Mixer geben und smoothen.

▮ Rhabarber nicht in Metallgefäßen oder in Alufolie aufbewahren, denn er nimmt leicht metallischen Geschmack an.

200 KCAL

Breakfast Power

Datteln sind das »Brot der Wüste« und die Früchte der Propheten.

- 1 Banane
- 1 Orange oder
- 1 Tasse Orangensaft
- 1 Feige
- 3 getrocknete Datteln
- 1 TL Sonnenblumenkerne
- 1 TL Honig

▮ Die Datteln in Stücke schneiden – am besten geht das, wenn Sie mit einem scharfen, spitzen Messer um den schmalen Kern herum das Fruchtfleisch entfernen. Alles zusammen dann so lange zermixern, bis eine sämige Mischung entsteht.

▮ Eventuell Flüssigkeit hinzugeben: Saft oder einfach nur Wasser (spart Kalorien ein). Zum Dekorieren etwas fettarmen Kakao darüberstreuen. Schokofreunde können auch gleich etwas Kakao in den Smoothie geben, allerdings erhöht sich dann der Energiewert.

220 KCAL

Ruck, zuck – genießen!

Ingwer-Mango-Kiwi-Smoothie

Fördert die Entschlackung des Körpers, die Waage wird es freuen!

- 1 Stück Ingwer (0,5 cm)
- 1 Tasse Mangostücke
- 2 Kiwis
- 1 Orange
- 1 Limette
- $1/2$ Tasse zerstoßenes Eis

▌ Den Ingwer schälen und durch die Knoblauchpresse drücken. Zusammen mit den Fruchtstücken in den Mixer geben. Die Limette auspressen, den Saft dazugießen und zusammen mit dem gecrashten Eis 3–4 Minuten mixen.

190 KCAL

Kalorientraum-Smoothie

Melonen sind stark entwässernd und durchspülen Ihren Körper. Ein Smoothie, der den Durst löscht.

- 2 Tassen Wassermelonenstücke
- 1 Tasse Charentais-Melonen- oder Honigmelonenstücke
- 1 Tasse Galia-Melonenstücke
- 1 Limette
- $1/2$ Tasse zerstoßenes Eis

▌ Einfach alle Zutaten vermixern, bis sie smoothig sind. Mit Himbeeren dekorieren.

150 KCAL

INFO

Wichtiges über Mangos

Achtung – Mangoflecken auf der Kleidung lassen sich schwer entfernen, also gut aufpassen oder eine Schürze tragen. Außerdem nehmen Mangos leicht Gerüche an und sollten daher nicht bei stark duftenden Produkten aufbewahrt werden. Mangos in Kombination mit Milchprodukten können allergische Reaktionen hervorrufen. Wenn Sie empfindlich auf Früchte reagieren, testen Sie dies vorsichtig aus.

Frucht-Smoothies

Sunny-Special-Smoothie

Sieht sonnig aus und schmeckt auch so: eine außergewöhnliche Kombi.

- 1 Apfel
- 2 Möhren
- 1 Tasse Mangostücke
- 1 Tasse Erdbeeren
- 1 Orange
- 1 TL Honig
- $^1/_2$ Tasse zerstoßenes Eis

▌ Äpfel schälen, vierteln und entkernen. Möhren putzen und sehr klein schneiden. Zusammen mit den Äpfeln im Mixer auf höchster Stufe zermixen. In der Zwischenzeit die restlichen Zutaten vorbereiten und dazugeben. Mixen, bis eine einheitliche, sonnige Farbe entsteht.

150 KCAL

Cherry Cherry Lady

Die enthaltene Kieselsäure ist gut für Haut und Haare und anregend fürs Gehirn.

- 1 Tasse entkernte Süßkirschen
- 1 Tasse entkernte Schattenmorellen
- 1 Tasse Pfirsichstücke
- 1 TL Honig
- $^1/_2$ Tasse zerstoßenes Eis

▌ Alle Zutaten zermixen. Hier können Sie gut auf tiefgekühlte Kirschen zurückgreifen, da das die Zubereitung erheblich verkürzt: Sie müssen die Früchte nicht entkernen. Dann fällt aber das Eis im Rezept weg. Früchte aus dem Glas gehen ebenfalls, jedoch dürfen sie nicht zu stark gezuckert sein – gut abtropfen lassen. In diesem Fall brauchen Sie etwas mehr Eis, damit die Masse smoothiger wird.

180 KCAL

Ruck, zuck – genießen!

Green-Yellow-Red oder Ampel-Smoothie

Super fürs Bindegewebe und gegen Cellulite.

- 2 grüne Kiwis
- 2 gelbe Kiwis
- 1 Orange
- $1/2$ Tasse Himbeeren

▌ Sie können alle Zutaten zusammen zermixen. Witziger ist es jedoch, wenn Sie alles einzeln mixen und vorsichtig in Schichten ins Glas füllen. Und so entsteht eine »Ampel«: Die grünen Kiwis mit einem Orangenviertel mixen und ein hohes Glas damit befüllen. Am besten nun den Mixer ausspülen. Die gelben Kiwis mit der restlichen Orange mixen.

▌ Nehmen Sie nun einen langen Löffel und führen Sie ihn schräg ins Glas, bis die Spitze die grüne Kiwischicht fast berührt. Das Glas schräg halten und das gelbe Kiwimus entlang des Löffels ins Glas gleiten lassen, so dass eine neue Schicht entsteht.

▌ Dann die Himbeeren pürieren und ebenfalls auf diese Art einfüllen. Löffeln Sie nun die Fruchtschichten genüsslich aus: Sie arbeiten sich durch ein Frucht-Schlaraffenland nach dem anderen.

180 KCAL

Multi-Tasty-Smoothie

Ein Multitalent im Geschmack: von feinherb bis süß.

- 1 Tasse Blaubeeren
- 1 Tasse Erdbeeren
- 1 Tasse Mangostücke
- $1/2$ Tasse Apfelsaft
- $1/2$ Tasse zerstoßenes Eis

▌ Alle Zutaten schnell und so lange smoothen, bis ein sämiger Smoothie entsteht. Sättigender wird er, wenn Sie anstelle des Saftes einen Apfel nehmen.

120 KCAL

Ampel-Smoothie ▶

Ruck, zuck – genießen!

I heard it through the Grapevine

Toller Fatburner und super für eine Diät.

1 Tasse Fruchtstücke einer Pink-Grapefruit
1 Banane
1 Tasse Pfirsichstücke
1 TL Honig
¹/₂ Tasse zerstoßenes Eis

▌ Die Grapefruitkerne entfernen. Alles zusammen mixen. Wer will, kann auch Dosenpfirsiche nehme, dann sollten Sie aber den Honig weglassen.

140 KCAL

Special Passion

Für passionierte Smoothie-Fans; sehr reich an Vitamin A.

3 Passionsfrüchte (Fruchtfleisch)
  Saft von einer Limette
¹/₂ Tasse zerstoßenes Eis
  Mineralwasser zum Auffüllen

▌ Die Passionsfrucht am besten mit dem Tomatenmesser zerteilen und die Hälften auslöffeln. Die Frucht ist voller kleiner, schwarzer Samen, die lecker knusprig sind. Sie sind eingebettet in einem geleeartigen Samenmantel, der ein Geschmacks-Booster ist: säuerlich und extrem aromatisch-exotisch.

▌ Alle Zutaten gut vermischen, bis sie samtig-dickflüssig sind. In ein Glas geben und mit kohlensäurehaltigem Mineralwasser auffüllen.

120 KCAL

FRUCHT-SMOOTHIES

Frucht-Smoothies

ABC-Smoothie

Ein exzellenter Fitmacher.

- 1 roter Apfel
- 1 rosa Apfel
- 1 Banane
- 2 Clementinen
- 2 EL Limettensaft
- $1/2$ Tasse zerstoßenes Eis

▌ Die Äpfel waschen, die Clementinen schälen, beide entkernen und in Stücke schneiden. Zusammen mit der geschälten Banane und den anderen Zutaten zersmoothen. Wer es zitrusfruchtiger mag, nimmt zwei Clementinen. Der Smoothie bekommt eine schöne Farbe, wenn Sie den Apfel nicht schälen.

200 KCAL

All-in-Orange-Smoothie

Voller Nährgehalt und extrem sättigend.

- 1 Mandarine
- 1 Apfelsine
- 1 Pfirsich
- 1 Tasse Mangostücke
- 1 Tasse Honigmelonenstücke
- $1/2$ Tasse zerstoßenes Eis

▌ Die Zitrusfrüchte schälen, zerschneiden und die Kerne entfernen. Den Pfirsich mit Schale in Stücke schneiden. Zusammen mit den anderen Zutaten 4 Minuten zu einem dickflüssigen Smoothie mixen. Mit Fruchtstücken und Minzeblättchen dekorieren.

210 KCAL

Ruck, zuck – genießen!

FRUCHT-SMOOTHIES

Erdbeer-Kiwi-Banana-Flip

Fast schon wie ein Abendcocktail: raffiniert – und lässt die Diät vergessen.

- 1 Banane
- 1 Kiwi
- $1/2$ Tasse Erdbeerwürfel
- 1 Tasse Orangensaft
- 5 EL Papayavollfrucht aus dem Reformhaus
- $1/2$ Tasse zerstoßenes Eis

▎ Die Banane in Stücke schneiden und mit dem Kiwifruchtfleisch und den geputzten und gewürfelten Erdbeeren in den Mixer geben. Die Säfte und das Eis dazuschütten und alles auf höchster Stufe smoothig mixen.

160 KCAL

Yellow Submarine

Ein U-Boot für die Giftstoffe im Körper: sie werden abtransportiert und der Körper entschlackt.

- 1 Tasse Ananas
- 2 Mirabellen
- 1 Banane
- 1 Birne
- 1 Nektarine
- 2 EL Zitronensaft
- $1/2$ Tasse zerstoßenes Eis

▎ Die Früchte waschen, entsteinen und verarbeiten, wenn möglich nicht schälen. Zu einem gelben Smoothie vermixen und mit blauen Trauben dekorieren.

260 KCAL

Ruck, zuck – genießen!

Grün ist die Hoffnung

Wirkt hoffnungsvoll bei vielen Wehwehchen und fördert die Verdauung.

- 1 grüner Apfel (Granny Smith)
- 1 Tasse Stachelbeeren
- 2 Kiwis
- 1 Tasse kernlose helle Weintrauben
- 1/2 Tasse Limettensaft
- 4 Minzeblätter
- 1/2 Tasse zerstoßenes Eis

▌ Den Apfel waschen, entkernen in Stücke schneiden, die Stachelbeeren waschen, eventuell halbieren, das Fruchtfleisch der Kiwis herauslösen, alles in den Mixer geben. Mit den anderen Zutaten zu einem grünen Smoothie verarbeiten.

▌ Nehmen Sie ganz reife Stachelbeeren. Ayurveda-Ärzte raten übrigens, bei Entschlackungskuren zu diesen grünen Früchten zu greifen.

210 KCAL

Mispelküsschen

Reich an Kalium, Kalzium und Karotin.

- 1 Tasse Pflaumenstücke
- 1 Tasse Aprikosenstücke
- 1 Tasse Mispelstücke (Japanische Mispel oder Loquat)
- 1 TL Honig
- 2 EL Limettensaft
  etwas Zimt
- 1/2 Tasse zerstoßenes Eis

▌ Die Zutaten alle auf einmal zermixen, bis ein sämiges Fruchtpüree entsteht. Die Farbe ist interessant: violett bis orange.

▌ Im Inneren der Mispel befinden sich drei oder vier braune Kernchen, die sich leicht vom Fruchtfleisch lösen. Die Haut lässt sich abziehen, man kann sie aber auch mitessen, sie schmeckt jedoch ein wenig herb. Das Fruchtfleisch ähnelt im Geschmack Aprikosen und Pflaumen. Es ist relativ fest, saftig und hat ein süßlich-saures Aroma.

150 KCAL

Frucht-Smoothies

Banarama

Ein echter Zellschutz-Cocktail: super gesund und pfiffig gemixt.

- 1 Banane
- 1 Tasse Orangensaft
- 2 EL Zitronensaft
- 3 EL gesüßte Sanddornvollfrucht aus dem Reformhaus
- ½ Tasse gestoßenes Eis
- 1 Prise gemahlene Muskat- oder Mazisblüte

▌ Zerkleinerte Banane mit den Säften und dem Eis pürieren und zuletzt mit Muskatblüte vorsichtig abschmecken. Sie können das Gewürz auch weglassen, aber das zartbittere, eigentümliche Aroma unterstreicht den besonderen Genuss noch mehr: Der Smoothie erhält eine elegante, raffinieret Note

190 KCAL

INFO

Sanddornvollfrucht: liefert Vitamine im Winter

Gerade in den obstarmen Wintermonaten ist unser heimischer Sanddorn eine gute Nahrungsergänzungsquelle, denn in den kleinen Beeren stecken jede Menge wichtiger Vitamine wie Vitamin E und B_1, B_2, B_6 sowie Niacin. Besonders reich sind die Früchte an Vitamin C mit 450 mg/100 g Frucht: Die orangefarbenen Beeren enthalten damit insgesamt neunmal mehr vom klassischen Abwehrvitamin als die Zitrone. Ihre intensive Farbe erhalten die Beeren durch den hohen Gehalt an beta-Carotin: Ein Alles-Könner-Provitamin, das sogar vor Krebs schützen soll. Zu verwerten ist es aber nur mithilfe von Fett: Dieses liefert die Powerbeere in ihrem öligen Bestandteil gleich mit. Zudem hat Sanddorn viel ungesättigte Fettsäuren, sekundäre Pflanzenstoffe und Antioxidanzien – ein fruchtiger Fitmacher mit Anti-Aging- und Beauty-Effekt. In Reformhäusern erhält man Sanddorn das ganze Jahr über, insbesondere als »Sanddornvollfrucht«: Beim Vollfruchtverfahren wird die ganze Frucht vermahlen und es entsteht ein dicklicher Saft. So bleibt der ganze Geschmack und die natürliche Wirkung für puren Genuss voller Nährstoffe erhalten.

Ruck, zuck – genießen!

Shalom Sharon

Reich an Glukose: Bringt verbrauchte Energie sofort zurück.

2   Sharon-Früchte
1   Birne
$^1/_2$ Tasse zerstoßenes Eis

❚ Sharon-Früchte kann man mit Schale verwenden: Das Grün entfernen und die Frucht in Stücke schneiden. Die Birne entkernen und klein schneiden. Alles zusammen mit dem Eis im Mixer zermusen.

❚ Sharon-Früchte, auch Kakis genannt, nur in vollreifem Zustand verzehren, da nur dann ihre Tannine neutralisiert sind. Ansonsten bildet sich ein unangenehmer pelziger Belag auf der Zunge.

190 KCAL

WM-2006-Smoothie

Schwarz-Rot-Gold gesund im Glas als Super-Nährstoff-Team.

1   Tasse schwarze Johannisbeeren
1   Tasse Himbeeren
1   Tasse Pfirsichstücke (rötliche Schale bitte nicht entfernen)
$^1/_2$ Tasse zerstoßenes Eis

❚ Dritteln Sie das Eis und mixen Sie zuerst die Johannisbeeren mit einem Teil des Eises samtig. Bei Bedarf mit etwas Honig oder einigen Spritzen Zitronensaft würzen. Füllen Sie die schwarze Masse ins Glas.

❚ Am besten den Mixer mit Wasser ausspülen und dann mit den Himbeeren wie oben verfahren. Das rote Fruchtmus nun über einen langen Löffel vorsichtig schräg auf die schwarze Schicht gießen.

❚ So machen Sie das zuletzt auch mit dem goldfarbenen Pfirsichmus. Krönen Sie das Ganze durch einen Milchschaum-Klecks aus der Sprühflasche.

100 KCAL

Ruck, zuck – genießen!

Cherry-Apple-Smoothie

Dieser Smoothie wirkt entschlackend und sogar schmerzlindernd.

- 1 Tasse entsteinte Kirschen
- 1 Apfel
- 1 Banane
- 1 Kiwi
- 1/2 Tasse Blaubeeren
- 1/2 Tasse Apfelsaft, naturtrüb
- 1/2 Tasse zerstoßenes Eis

▌ Die Kirschen in den Mixer geben, den Apfel viertel, entkernen, die Banane schälen und stückeln, das Kiwifruchtfleisch auslöffeln und alles zusammen mit dem Apfelsaft und dem Eis smoothen.

▌ Wussten Sie schon, dass der dunkle Farbstoff der Kirsche wie Aspirin wirkt? Er bremst Entzündungen und Schmerzen, desinfiziert und tötet Krankheitskeime ab.

240 KCAL

Guave-Birne-Erdbeer-Smoothie

Enthält sechsmal mehr Vitamin C als jeder Zitrus-Smoothie.

- 1 Guave
- 1 Feige
- 1 Birne
- 1 Tasse Erdbeerstücke
- 1/2 Tasse zerstoßenes Eis

▌ Das Guavenfruchtfleisch und das Feigenfleisch wie bei einer Kiwi herauslöffeln und in den Mixer geben. Die Birne vierteln und entkernen, dazugeben. Zusammen mit den Erdbeeren und dem Eis zermixen, bis eine schaumig-sämige Smoothie-Masse entstanden ist.

▌ Im Inneren der Guave befinden sich viele Kerne, die aber mitverzehrt werden können.

150 KCAL

Refresher-Smoothie

Ein vitamin- und mineralstoffreicher Genuss an heißen Tagen.

1 Tasse Ananasstücke
1 Tasse Pfirsiche
1 Tasse Erdbeeren
$1/2$ Tasse Holunderbeerensaft
 Saft einer Zitrone
1 Tasse zerstoßenes Eis

▌ Alle Zutaten zügig verarbeiten und zu einem sämigen Püree versmoothen. Wegen der tollen Farbe in einem hohen Glas servieren.

180 KCAL

Pure Fusion Blast

Wirkt wie eine natürliche Infusion: Gesundheit pur!

1 Guave
1 Tasse Mangostücke
$1/2$ Tasse Maracujasaft
$1/2$ Tasse zerstoßenes Eis

▌ Das Guavenfruchtfleisch auslöffeln und in den Mixer geben, ebenso die Mangostücke, die Flüssigkeit und das Eis und alles so lange mixen, bis ein sämiger Smoothie entsteht.

120 KCAL

INFO

Holunder: schützt vor freien Radikalen

Holunder ist reich an den Vitaminen A, B, C und zeichnet sich durch den höchsten Selengehalt aller Früchte aus: Selen bekämpft freie Radikale und wird zur Zeit als Krebsschutz untersucht. Zur Verarbeitung bitte nur gekochte Früchte verwenden, etwa als Saft oder Mus. Rohe Beeren sind giftig und können Erbrechen und Durchfall auslösen. Der heiße Saft wird beispielsweise bei Erkältung zum Ausschwitzen gegeben, das Holundermus mit Rohrzucker senkt Fieber. Der Saft lindert auch Ischiasschmerzen, verbessert die Durchblutung und entgiftet den Körper. Wem purer Saft zu »streng« schmeckt, kann bei der Saftherstellung Apfelstückchen mitkochen. Holundersaft und -mus erhält man bereits in einigen Supermärkten sowie in Apotheken und Naturkostläden.

Ruck, zuck – genießen!

Island in the Sun

Sieht aus wie ein Sonnenuntergang auf Jamaika und schmeckt auch so.

- 1 Banane
- 1 Tasse Erdbeerstückchen
- 1 Stück Ingwer (0,5–1 cm)
- 1 Tasse Cranberry-Saft
- $1/2$ Tasse zerstoßenes Eis

▎ Die Früchte vorbereiten und zerkleinert in den Mixer geben. Den Ingwer schälen und mit der Knoblauchpresse gleich dazudrücken. Die flüssigen Zutaten hineinschütten und alles 3 Minuten lang smoothen. 2–3 Erdbeeren auf einen Holz-Zahnstocher stecken und über das Glas legen.

190 KCAL

Fruity-Galore-Smoothie

Feinherber Anti-Aging-Zauber.

- 1 Tasse Fruchtstücke Pink Grapefruit
- 1 Tasse Fruchtstücke weiße Grapefruit
- 1 Tasse Ananasstücke
- $1/2$ Tasse Ananassaft
- $1/2$ Tasse zerstoßenes Eis

▎ Alle Zutaten in den Mixer geben und zermusen. Als Deko eine geviertelte Ananasscheibe an den Glasrand stecken. Mit 1 TL Honig süßen, das nimmt etwas die Säure.

110 KCAL

> **INFO**
>
> ### Ingwer: fast schon Medizin
>
> Frischer Ingwer liefert eine geballte Ladung von ätherischen Ölen sowie Gingerol und Bitterstoffe. Er fördert das Entschlacken und den Abtransport von Giftstoffen im Körper, hemmt Entzündungen und schützt vor Arterienverkalkung. Daneben lindert Ingwer alle Arten von Übelkeit, beispielsweise See- und Reisekrankheit, und hilft bei Bronchitis. Wen wundert's da noch, dass Ingwer in der indischen Medizin wie ein Medikament genutzt wird. Ingwer gibt es in nahezu jeder Gemüseabteilung zu kaufen.

Ruck, zuck – genießen!

Jungle Power

Wenig Kalorien bei ganz hohem Nährwert mit intensivem Geschmack.

- 1 Tasse Papayastücke
- 1 Tasse Mangostücke
- 1 Banane
- 1 TL Spirulina-Pulver
- $1/2$ Tasse zerstoßenes Eis

▌ Zuerst das Fruchtfleisch der Früchte im Mixer zermusen, dann das Spirulina-Pulver hinzufügen, zuletzt das Eis.

160 KCAL

Mango Squeeze

Erfrischt und enthält alle Stoffe, die für die Gesundheit wichtig sind.

- 1 Tasse Grapefruitfleisch
- 1 Tasse Mango
- $1/2$ Tasse zerstoßenes Eis
- 1 TL Honig

▌ Alle Zutaten mindestens 3 Minuten mixen, bis ein leckerer gelber Smoothie entsteht.

120 KCAL

INFO

Spirulina: stärkt das Immunsystem

Spirulina platensis ist eine Süßwasseralge, die uns hochwertiges pflanzliches Eiweiß, eine Fülle an Vitaminen, Mineralien und Spurenelementen sowie die sogenannten sekundären Pflanzenstoffe (bioaktive Substanzen) liefert. Sie hat einen hohen Gehalt an Eisen und Vitamin B_{12}. Damit wirkt sie als Anti-Aging-Mittel und stärkt unser Immunsystem nachhaltig. Vor allen die darin enthaltene Aminosäure Phenylalanin unterstützt unsere Gedächtnisleistung und dämpft hervorragend das Hungergefühl. Pulver und Presslinge bekommt man in Naturkostläden und Apotheken.

Frucht-Smoothies

Feiger Smoothie

Fördert die Verdauung und hat einen erlesenen Geschmack.

- 2 Sharonfrüchte
- 2 Kaktusfeigen
- 2 Feigen
- $^1/_2$ Tasse Apfelsaft
- $^1/_2$ Tasse zerstoßenes Eis

▌ Sharonfrüchte vorsichtig waschen, das Grün entfernen, vierteln und in den Mixer geben. Die anderen Früchte wie Kiwis auslöffeln, zusammen mit dem Apfelsaft und dem Eis in den Mixer geben und das ganze 3 Minuten lang schaumig mixen.

▌ Italien beliefert den deutschen Markt von Juli bis September mit Kaktusfeigen, Israel und Kenia ganzjährig, Spanien von August bis November. In gut sortierten Läden kann man sie also jederzeit bekommen.

200 KCAL

Summer-Sun-Smoothie

Ein echtes Sommer-Highlight: Sieht sonnig aus und schmeckt intensiv fruchtig erfrischend.

- 1 Kiwi
- 1 Tasse Erdbeerstückchen
- 1 grüner Apfel
- 1 Orange
- $^1/_2$ Tasse zerstoßenes Eis

▌ Das Kiwifruchtfleisch aus den Hälften löffeln und mit den Erdbeeren in den Mixer geben. Den Apfel vierteln, entkernen – nicht schälen – und in Stücke schneiden.

▌ Die Orange schälen – die Schale spiralförmig abschneiden und später für die Deko am Glas benutzen –, die Frucht in Stücke schneiden, die Kerne entfernen, aber nicht das Weiß. Alles zusammen mit dem Eis in den Mixer geben und 3 Minuten smoothig mixen. Mit Orangenschalen-Spiralen dekorieren.

120 KCAL

Ruck, zuck – genießen!

Pink Blast

Erfrischend und ganz besonders im Geschmack. Und witzig in der Farbe.

- 2 Tassen Wassermelonenstücke
- 1 Tasse Erdbeerstückchen
- $1/2$ Tasse zerstoßenes Eis

▌ Versuchen Sie, die Wassermelone weitestgehend zu entkernen. Oder Sie besorgen sich einfach kernlose Wassermelonen. Zusammen mit den Erdbeeren und dem Eis so zermusen, dass eine rosa Farbe entsteht. Dann ist der Smoothie perfekt. Zusammen mit Erdbeeren auf Cocktail-Spießchen in einem Glas servieren.

110 KCAL

Blissful Berries

Beerig gesund und sehr lecker.

- 1 Tasse Himbeeren
- 1 Tasse Erdbeeren
- 1 Banane
- 1 Orange
- $1/2$ Tasse zerstoßenes Eis

▌ Die Früchte vorbereiten: waschen, die Erdbeeren zupfen, die Banane schälen und zerkleinern, die Orange ebenfalls schälen, in Stücke schneiden – entfernen Sie das Weiße der Häutchen nicht, aber die Kerne. Die Fruchtstücke in den Mixer geben, mit den Flüssigkeiten auffüllen und 3 Minuten mixen.

▌ Den Rand eines schönen Glases anfeuchten und in Zucker drücken. Den Smoothie vorsichtig einfüllen, ohne den Zuckerrand zu beträufeln. Eine Erdbeere mit Grün an der Spitze ebenfalls in Zucker drücken und das Glas damit dekorieren.

150 KCAL

Ruck, zuck – genießen!

Applemania

»One apple a day keeps the doctor away.«

- ¹/₂ Tasse Stücke eines grünen Apfels
- ¹/₂ Tasse Stücke eines roten Apfels
- ¹/₂ Tasse Stücke eines pinkfarbenen Apfels
- ¹/₂ Tasse Stücke eines gelben Apfels
- ¹/₂ Tasse Erdbeeren
- 1 EL Zitronensaft
- ¹/₂ Tasse zerstoßenes Eis

▌ Die Äpfel nicht schälen, nur entkernen, so ergibt sich eine witzige Farbe – Apfel-Smoothies sind sonst eher etwas farblos. Zitronensaft verhindert dies ein wenig und die Erdbeeren geben zusätzlich Geschmack und Farbe. Alles 3 Minuten mixen. Zur Deko eine Erdbeere an den Glasrand klemmen.

210 KCAL

Ananas-Melonen-Sinfonie

Intensiver Süßgeschmack: Macht satt und sättigt auch »Süßschnuten«.

- 1 Tasse Ananasstücke
- 1 Tasse Ananassaft
- 1 Tasse Galia-Melonenstücke
- 1 Orange
- ¹/₂ Tasse zerstoßenes Eis

▌ Alle Zutaten der Reihe nach vorbereiten und in den Mixer geben. Zusammen 3 Minuten mixen, bis eine samtige Sinfonie in Gelb entsteht.

180 KCAL

Cool-Peach-Smoothie

Schmeckt mediterran fruchtig.

- 1 Tasse gefrorene Pfirsichstücke
- 2 Clementinen
- 1 Tasse Orangensaft
- ¹/₂ Tasse zerstoßenes Eis

▌ Die Pfirsichstücke zuerst in den Mixer. Die Clementinen schälen, in Stücke schneiden und die Kerne entfernen. Zusammen mit der Flüssigkeit in den Mixer, dann 3 Minuten smoothen. Mit Pfirsichhälften dekorieren.

140 KCAL

Frucht-Smoothies

Stacheliger Smoothie

Extrem und nachhaltig sättigend und kräftigend.

- 2 Feigen
- 2 Kaktusfeigen
- 2 EL Aloe-vera-Saft
  Pulver einer Kapsel Hoodia Gordonii
- 1 Tasse Apfelsaft
- $1/2$ Tasse zerstoßenes Eis

▌ Beide Früchte können wie eine Kiwi ausgelöffelt werden. Das Fruchtfleisch in den Mixer geben und mit Saft, Pulver und Eis auffüllen. Alles mixen, bis eine cremige Masse entsteht. In ein hohes Glas füllen, eventuell mit Mineralwasser auffüllen: Lässt den Smoothie sprudeln. Mit Minzeblättern dekorieren.

180 KCAL

INFO

Hoodia Gordonii: hilft beim Abnehmen

Hoodia Gordonii ist eine Sukkulente, also eine wasserspeichernde Pflanze, und hat besondere Eigenschaften: Sie stillt nachhaltig den Hunger und hat sogar stärkende Wirkung. So kann man eine Diät oder Abmagerungskur besser überstehen, ohne Heißhungerattacken und mit guter Laune. Ein Traum für alle Übergewichtigen: Der Supersattstoff des Kaktus gaukelt im Gehirn einen Glykogenspiegel vor, der ein permanentes »Pappsatt-Gefühl« schafft. Das in Hoodia enthaltene Molekül P_{57} bewirkt diesen Effekt: Klinische Tests haben ergeben, dass der Wirkungsgrad ca. 10000-mal stärker ist als der von Glykogenmolekülen – kurz: Mit Hoodia hat man einfach keinen Hunger mehr! Deshalb ist Hoodia so effektiv. Kaufen kann man Hoodia in Apotheken und im Internet.

Ruck, zuck – genießen!

Student's Dream

Sättigt, regt den Stoffwechsel an und ist echte Gehirn- und Nervennahrung.

- 1 Birne
- 1 Tasse Johannisbeeren
- 1 Tasse Buttermilch
- 1 TL Honig
- $1/2$ TL Zimt
- $1/2$ Tasse zerstoßenes Eis

▌ Die Birne vierteln, entkernen und in kleinere Stücke schneiden. Die Johannisbeeren waschen, gut abtropfen lassen und von den Stilen zupfen. Mit den Birnenstücken in den Mixer geben. Die Buttermilch dazugießen und alles mit Honig und Zimt würzen. Smoothig mixen, bis es schaumig wird. Sie können auch gefrorene Johannisbeeren nehmen. Dann wird der Smoothie fester.

190 KCAL

Royal-Rose-Mango

Speziell am Abend ein königlicher Genuss!

- 1 Mango
- 1 Tasse Magerjoghurt Vanille, 0,1%
- 1 TL Ahornsirup oder Honig
- $1/2$ Tasse Magermilch, 0,1%
- $1/2$ TL Rosenwasser
- $1/2$ Tasse zerstoßenes Eis

▌ Die Mango schälen, in Stücke schneiden und in den Blender geben. Das zerstoßene Eis hinzufügen und mit dem Impulsschalter zunächst so lange mixen, bis die Früchte sich mit dem Eis vermengt haben. Dann den Joghurt und die Süße dazugeben und auf höchster Stufe weitermixen.

▌ Zuletzt etwas Milch hineingießen und noch so lange mixen, bis der Smoothie glatt und cremig ist. Mit einigen Tropfen Rosenwasser abschmecken. Deko-Clou: (ungespritzte) Rosenblätter, die man sogar essen kann.

180 KCAL

Ruck, zuck – genießen!

Pinky Green Dream

Ideal nach einem üppigen Mahl: Die Inhaltsstoffe sind echte »Fettfresser«.

- 1 Kiwi
- 1 grüner Apfel
- $1/2$ Limette
- $1/2$ rosa Grapefruit
- 1 Tasse Joghurt, 0,1% Fett
- $1/2$ Tasse zerstoßenes Eis
- 1 TL Honig
- einige Blättchen Minze

▌ Die Kiwi halbieren und mit einem Kiwi- oder Teelöffel das Fruchtfleisch herauslösen. Den Apfel vierteln und entkernen, dann in kleinere Stücke schneiden. Zusammen mit der Kiwi in den Mixer geben. Die Limette auspressen. Das Fruchtfleisch der Grapefruit herauslösen – am einfachsten geht das mit einem Grapefruitlöffel oder einem spitzen Messer und einem Esslöffel – und dazugeben.

▌ Den Joghurt dazuschütten, ebenso das Eis. Mit einem TL Honig süßen und alles auf höchster Stufe oder Impulsstufe mixen, bis ein cremiger Drink entsteht. In einen schönen Becher füllen und mit Minzeblättern dekorieren.

▌ Wer es mag, kann die Minzeblätter auch direkt in den Smoothie geben. Dann schmeckt er frischer und wird grüner.

210 KCAL

Venus Breakfast

Nektarinen sind Früchte der Venus: Sie machen müde Menschen munter.

1   Tasse vollreife Nektarinenstücke
½ Limette (Saft)
1   TL Honig
1   Glas Buttermilch
½ Tasse zerstoßenes Eis

▍ Die Nektarine entsteinen, zerteilen und mit dem Limettensaft und dem Honig in einen Mixer geben. Dann die Buttermilch dazugeben und alles so lange mixen, bis der Smoothie schaumig wird. In Gläser füllen. Ersatzweise können Sie auch Pfirsichstücke oder zwei Aprikosen nehmen.

▍ Noch erfrischender wird der Smoothie, wenn Sie ihn mit etwas Mineralwasser mit Kohlensäure auffüllen – ein prickelndes Erlebnis.

180 KCAL

Sprungbrett in den Tag

Sättigt vor allem morgens hervorragend.

1   Tasse Orangenstücke
1   Banane
1   EL Limettensaft
½ Tasse Möhrensaft
1   Tasse Joghurt, 0,1% Fett
1   TL Honig
1   TL Weizenkeime aus dem Reformhaus
1   TL Goji-Beeren

▍ Mischen Sie alle Zutaten zusammen, bis sie zu einer smoothigen Einheit geworden sind.

250 KCAL

BOOSTERS

Ruck, zuck – genießen!

Ananas-Smoothie mit Kefir

Enthält alle Beauty-Vtamine in Hülle und Fülle.

$^1/_2$ Tasse Orangesaft
1 Tasse Ananasstücke
$^1/_2$ Banane
1 Tasse fettarmer Kefir
1 TL Goji-Beeren, ersatzweise Cranberrys oder Rosinen
1 TL Honig
1 Prise Zimt

▌ Den Orangensaft im Eiswürfelbehälter einfrieren und kurz vor der Zubereitung crashen. Dann alle Zutaten in den Mixer geben und mit dem gecrashten Orangeneis mixen, bis eine smoothige Masse entsteht.

240 KCAL

White-Dream-Knut

Sieht so knuffig-weiß aus wie unser Berliner Eisbärbaby Knut.

1 Tasse entkernte Litschis
1 Tasse weiße Johannisbeeren
1 Tasse weiße Pfirsichstücke
1 TL Honig
1 Tasse Joghurt, 0,1% Fett
$^1/_2$ Tasse zerstoßenes Eis

▌ Alles zusammen in den Mixer geben und so lange auf Höchststufe vermischen, bis der Smoothie ganz sanftdickflüssig ist. Im Glas mit weißen Johannisbeer-Rispen dekorieren.

▌ Nehmen Sie Litschis aus der Dose, dann bleibt Ihnen das Entkernen erspart. Falls die Dosenlitschis zu sehr gezuckert sind, spülen Sie sie etwas mit klarem Wasser ab und lassen eventuell den Honig weg.

170 KCAL

Ruck, zuck – genießen!

Perfectly Happy

Stärkt die Nerven und das Immunsystem und bringt gute Laune.

- 1 große, süße Orange
- 1 Banane
- 1 Stück Ingwer (0,5 cm)
- 1 Tasse Sojamilch oder Joghurt, beides 0,1% Fett
- 1 TL Honig
  evtl. Prise Zimt

▌ Die Orange schälen – am besten mit einem speziellen Orangenschäler – und zerkleinern. Die Banane schälen und in Stücke schneiden. Den Ingwer ebenfalls sorgfältig schälen und zerkleinern. Alles zusammen mit der Milch bzw. dem Joghurt und dem Honig in den Mixer geben. Wer will, gibt noch Zimt hinzu. Ganz sämig mixen. Mit etwas Zimt dekorieren.

240 KCAL, MIT SOJAMILCH
260 KCAL

Red Beauty

Besonders gut für Haut und Haare.

- 2 Tassen Erdbeeren
- 1 Tasse Becher Joghurt 0,1% Fett
- $^1/_2$ Limette (Saft)
- 1 TL Honig
- 4 Minzeblätter
- $^1/_2$ Tasse zerstoßenes Eis

▌ Die Erdbeeren waschen (das Grün abzupfen) und eventuell halbieren. Zusammen mit dem Joghurt, dem Limettensaft und dem Honig nebst Minzeblättern in den Mixer geben. Das zerstoßene Eis hinzufügen und schön samtig smoothen. Wenn Sie gefrorene Früchte nehmen, wird der Smoothie zu einem dickflüssigen Gaumenschmeichler.

130 KCAL

Phönix aus der Asche

Paradiesisch gutes Elixier für Ihre Schönheit.

- 1 Tasse Granatapfel (Fruchtsamen oder Saft)
- 1 Tasse Blaubeeren
- 2 TL getrocknete Goji-Beeren
- 1 TL Leinsamen
- 1 Tasse Joghurt oder Sojamilch, beide 0,1% Fett, oder Buttermilch
- 1 TL Honig
- 1/2 Tasse zerstoßenes Eis

▌ Um Saft aus dem Granatapfel zu gewinnen, rollen Sie ihn vor dem Öffnen so lange mit leichtem Druck auf einer harten Arbeitsfläche hin und her, bis ein Knacken zu hören ist und die Fruchtsamen aufplatzen.

▌ Sie können für den Beauty-Smoothie auch einfach nur die Fruchtsamen herauslösen und in den Mixer geben, so haben Sie mehr Ballaststoffe im Glas. Die anderen Zutaten ebenfalls in den Mixer geben. Zu einem Smoothie der besonderen Art vermixen!

190–210 KCAL

INFO

Granatapfel – der »Liebesapfel«

Dem Granatapfel werden wundersame Wirkungen nachgesagt. So soll er Prostata- und Brustkrebs bremsen, Herz-Kreislauf-Beschwerden lindern, den Blutdruck senken und sogar anti-entzündlich wirken. Die dunkelroten Samen sind äußerst saftig und noch von einer dünnen Haut umgeben, die sie vor dem Auslaufen schützt. Aber Achtung: Granatäpfel reifen nicht nach, d.h. sie müssen reif geerntet werden. Reife Früchte erkennt man an einem metallischen Klang, überreife brechen sehr leicht auf. Geerntete Granatäpfel sind mehrere Monate bei 0–5 °C ohne Qualitätsverluste haltbar. Die Früchte können dabei etwas einschrumpeln, halten das Innere aber saftig frisch. Granatäpfel erhält man in der Obstabteilung von Supermärkten und Discountern.

Ruck, zuck – genießen!

In the Mood of Autumn

Fördert die Verdauung.

- 1 Tasse entsteinte Zwetschgen
- 1 TL Honig
- 1 TL Zitronensaft
- 1 kleine Zimtstange
- 2 Gewürznelken
- 1 Tasse Joghurt, 0,1% Fett
- $1/2$ Tasse zerstoßenes Eis

▌ Die entsteinten Zwetschgen mit dem Honig, dem Zitronensaft, der Zimtstange und den Nelken in einem Topf kurz musig kochen – am besten einen Tag zuvor. Die Zimtstange und die Nelken herausfischen. Dann erkalten lassen, eventuell auch anfrieren. Das sehr kalte Zwetschgenmus zusammen mit dem Joghurt mixen.

190 KCAL

Red-Blue-White-Booster

Beerig im Geschmack und witzig im Aussehen.

- 1 Tasse Erdbeeren
- 1 Tasse Blaubeeren
- 1 Tasse Joghurt, 0,1 % Fett
- 1 TL Honig
- $1/2$ Tasse zerstoßenes Eis

▌ Alle Zutaten vermengen und im Mixer smoothen. Sie können aber auch – wie beim Ampel-Smoothie, Seite 42 – farbige Schichten herstellen: Dafür die Früchte einzeln mit jeweils der Hälfte des zerstoßenes Eises vermixen und jeweils in ein hohes, schmales Glas schichten. Zuletzt den Joghurt mit dem Honig mixen und als oberste Schicht draufsetzen.

▌ Sie können den Booster zum Steamer machen, indem Sie auf die Joghurtschicht noch ein Krönchen Milchschaum setzen, den man für Kaffee fast überall in Sprühdosen kaufen kann.

110 KCAL

Ruck, zuck – genießen!

Fitness-Booster

Wirkt anregend und dämpft hervorragend das Hungergefühl – nicht abends trinken.

2 Tassen Beerenmix, gefroren
$1/2$ Tasse Guaranasaft
$1/2$ Tasse Kirschsaft light
1 TL Guaranapulver
1 Tasse Magermilch
$1/2$ Tasse zerstoßenes Eis

▌ Alles schnell vermixen, das Guaranapulver muss sich vollständig aufgelöst haben. Eventuell zu diesem Booster noch Hoodia-Pulver (siehe Seite 61) aus einer Kapsel geben: Sie werden keinen Hunger verspüren, sondern sich fit und leistungsstark fühlen.

120 KCAL

INFO

Guarana: macht schnell wieder fit

Die Guarana-Pflanze wächst fast ausschließlich im Amazonasgebiet und rankt sich an den gewaltigen Bäumen des äquatorialen Regenwaldes empor. Die Nuss hat einen sehr hohen Koffeingehalt, der für die anregende Wirkung verantwortlich ist. Anders als beim Koffein des Kaffees wird Guarana-Koffein im Körper nur langsam freigesetzt. Auf diese Weise wirkt Guarana als Fitnessdepot für mehrere Stunden. Verantwortlich dafür ist der hohe Anteil an Ballaststoffen und Rohfasern, die langsam und schonend an den Körper abgegeben werden, ideal insbesondere für alle, die Kaffee nicht vertragen. Guarana wirkt erfrischend und belebend auf Körper und Geist, ohne zu belasten. Pulver und Saft erhält man in Naturkostläden und Apotheken.

Melone-Erdbeer-Quark-Smoothie

Ein hochkarätiger Schlank-und-schön-Smoothie.

- 1 Vanilleschote
- 1 Tasse Honigmelonenstücke
- 1 Tasse Erdbeeren
- ½ Tasse Orangensaft
- 1 Tasse Quarkcreme, 0,1–0,2% Fett z.B. von Onken oder Weihenstephan
- ½ Tasse zerstoßenes Eis

▌ Vanilleschote halbieren und das Mark vorsichtig mit einem spitzen Messer herauskratzen. Alle weiteren Zutaten in den Mixer geben. Falls Sie lieber gefrorenen Orangensaft anstatt Eiswürfel nehmen wollen, frieren Sie 1½ Tassen Saft ein. Smoothen, bis alles cremig ist.

150 KCAL

Kaffee-Smoothie

Ersetzt jeden Nachmittagskuchen.

- 1 Tasse heißer, sehr starker Kaffee
- 1 TL Zucker
- 1 Vanilleschote
- 1 Banane
- 1 Tasse entrahmte Milch
- 1 TL Honig
- ½ Tasse zerstoßenes Eis

▌ Den Zucker im heißen Kaffee vollständig auflösen und im Kühlschrank kalt werden lassen. Zwischenzeitlich die Vanilleschote halbieren und mit einem spitzen Messer das Mark der Schote auskratzen. Die Banane schälen und zerkleinern und alles zusammen mit dem Kaffee, der Milch, dem Honig und dem Eis im Mixer smoothen, bis ein dickflüssiger Smoothie entstanden ist.

120 KCAL

BOOSTERS

Ruck, zuck – genießen!

Breakfast Blast

Macht gerade morgens satt und zufrieden. Duftet herrlich frisch und vanillig.

- 1 Apfel
- 1 Pfirsich
- 1 TL Haferflocken
- 4 Blättchen Minze
  Mark einer Vanilleschote
- 1 Tasse entrahmte Milch, 0,1% Fett
- 1/2 Tasse zerstoßenes Eis

▌ Apfel entkernen und zerkleinern. Pfirsich halbieren, Kern entfernen, und mit der Haut in Stücke schneiden. Zusammen mit den restlichen Zutaten in den Mixer geben und 3–4 Minuten lang mixen. Zur Deko die aufgeschnittene Vanille nutzen, dazu einige Minzeblättchen.

170 KCAL

Shooting Star

Sehr reich an entwässerndem Kalium.

- 1 Tasse Mangostücke
- 1 Kiwi
- 3 Scheibchen Sternenfrucht oder Karambole
- 1 Tasse Joghurt, 0,1% Fett
- 1/2 Tasse Exotic-Saft
- 1 TL Honig
- 1/2 Tasse zerstoßenes Eis

▌ Alle Zutaten der Reihe nach in den Mixer geben und 4 Minuten smoothen, bis ein sämiges Fruchtpüree entstanden ist. Zur Deko eine Scheibe der Sternenfrucht an den Glasrand stecken.

▌ Karambole schneidet man senkrecht zur Längsachse, so entstehen die dekorativen fünfzackigen Sterne. Ihr Geschmack lohnt sich: erfrischend säuerlich und delikat süß.

190 KCAL

Ruck, zuck – genießen!

Papaya-Exotic-Smoothie

Enthält das Enzym Papain: ein echter Fatburner.

1 Tasse Maracujasaft
2 Tassen Papayastücke
1 Stück Ingwer, 0,5 cm
1 Tasse Joghurt, 0,1% Fett
1 TL Honig, je nach Reifegrad der Papaya
$1/2$ Tasse zerstoßenes Eis

▌ Den Maracujasaft zuvor in einem Eiswürfelbehälter einfrieren. Halbieren Sie dann die Papaya und lösen Sie mit einem Esslöffel die schwarzen Kerne heraus. Fruchtfleisch aus der Schale löffeln und zerkleinern.

▌ Den Ingwer schälen und durch eine Knoblauchpresse drücken. Den inzwischen eingefrorenen Saft wie das Eis zerstoßen. Dann alle Zutaten in den Mixer geben und smoothen. Ingwer und Honig heben den Geschmack der Papaya, zusammen mit dem Maracujasaft gibt das einen traumhaften Exotik-Flavour.

230 KCAL

INFO

Papaya: Sogar die Kerne sind wertvoll

Werfen Sie die Kerne nicht weg: Sie können Sie entweder mitsmoothen, dann erhalten Sie eine leicht pfeffrige Note, oder Sie trocknen Sie und drehen Sie dann durch eine Pfeffermühle. Sie wirken stark verdauungsfördernd, bekämpfen Völlegefühl, aber auch Menstruationsbeschwerden, denn sie enthalten Phytohormone, die sogar Beschwerden in den Wechseljahren lindern sollen. Zudem sind sie hervorragende Fatburner und gut für eine schlanke Figur.

Roter, gelber, und grüner Fruchtalarm

Rot ist die Liebe: Der rote Fruchtalarm regt alle Körperfunktionen an und stärkt die Abwehrkräfte.

- 3 EL Quarkcreme, 0,1–0,2% Fett, z.B. von Onken, Weihenstephan oder Exquisa
- 1 Tasse Joghurt, 0,1% Fett
- 1 TL Honig
- 2 Tassen gemischte Beeren
- $1/2$ Tasse roter Fruchtsaft
- $1/2$ Tasse zerstoßenes Eis

▌ Zermixern Sie erst die weißen Zutaten mit der Hälfte des Eises und dem Honig. Füllen Sie diese Masse in ein Glas. Smoothen Sie dann die roten Zutaten – Sie können auch gefrorene Früchte nehmen – zusammen mit dem restlichen Eis zu einem dickflüssigen Brei.

▌ Schichten Sie nun die rote Masse vorsichtig über einen langen Löffel schräg in das Glas auf die weiße Quark-Joghurt-Schicht. Einen Klecks weißen Milchschaum aus der Sprühflasche draufpusten und eine Beere obenauf legen. Mit langem Löffel die Schichten auflöffeln.

150 KCAL

Wenn Sie statt Beeren und rotem Fruchtsaft die folgenden Zutaten verwenden, ergibt das einen gelben Fruchtalarm – der mildert Stress und macht schön:

- 1 Tasse Ananasstücke
- 1 Tasse Nektarinenstücke (Schale nicht entfernen)
- $1/2$ Banane

Einen leckeren grünen Fruchtalarm, der die Haare und Nägel kräftigt und für feste Zähne und Knochen sorgt, erhält man aus den folgenden Früchten:

- 2 Kiwi (Fruchtfleisch)
- $1/2$ Tasse Stachelbeeren
- $1/2$ Tasse kernlose Weintrauben

Ruck, zuck – genießen!

Black Magic

Schwarze Vitaminbombe mit herbem, aromatischen Geschmack.

- 2 Tassen schwarze Johannisbeeren
- 1 TL Honig
- 1 Tasse Joghurt, 0,1 % Fett
- 3 EL Quarkcreme, 0,1–0,2 % Fett, z. B. von Onken, Weihenstephan oder Exquisa
- $1/2$ Tasse zerstoßenes Eis

▍ Die gewaschenen, trocken getupften und von den Rispen gezupften Früchte zusammen mit dem Honig und der Hälfte des zerstoßenen Eises in den Mixer geben. Zu einem Fruchtpüree zermixern und in ein Glas füllen.

▍ Den Mixer reinigen und mit dem restlichen Eis eine Quark-Joghurt-Creme herstellen. Sie können hier nochmals mit Honig süßen. Diese Creme auf die vorhandene Schicht gießen – die Schichten müssen nicht getrennt bleiben, die schwarz-weiße Masse soll sich ruhig magisch vereinen.

▍ Helfen Sie nach, indem Sie mit einem Holzstäbchen feine Schlierenmuster einziehen. Zur Deko eine Johannisbeerrispe ans Glas hängen. Noch besser ist es, wenn Sie die Johannisbeeren zuvor gefrieren.

160 KCAL

Summer Freeze

Ein wahrer Sommernachtstraum: erfrischt und macht satt.

- 1 Kiwi
- 1 gelber Apfel
- 1 Tasse Erdbeeren
- 1 Orange
  Mark einer Vanilleschote
- 1 Fläschen Probiotic-Drink pur, 0,1 % Fett
- $1/2$ Tasse zerstoßenes Eis

▍ Die Früchte vorbereiten und in Stücken in den Mixer geben. Das Vanillemark und den Drink dazu, zuletzt das Eis, alles zermixen. Mit der Vanilleschotenhülle dekorieren.

190 KCAL

Ruck, zuck – genießen!

Russian Dream (Kefir-Smoothie)

Alle Urkraft-Nährstoffe in einem Drink.

- 1 Banane
- 1 Tasse fettarme Kefir
- $1/2$ Tasse Möhrensaft
- $1/2$ Tasse Orangensaft
- $1/2$ Tasse zerstoßenes Eis
  etwas Zimt

▌ Die Banane schälen und in Stücke schneiden. Mit allen anderen Zutaten in den Mixer geben und dickflüssig pürieren. Mit Zimt abschmecken. Besonders lecker und aromatisch schmeckt dieser Smoothie mit 1 EL Erdnussmus. Er hat dann etwas mehr Kalorien.

200 KCAL

Lila-Laune-Smoothie

Höchste Konzentration des Polyphenols Ellagsäure.

- 2 Tassen Brombeeren
- 3 EL Quarkcreme, 0,1–0,2% Fett, z.B. von Onken, Weihenstephan oder Exquisa
- 1 Fläschchen Probiotic-Drink pur, 0,1% Fett
- $1/2$ Tasse zerstoßenes Eis

▌ Alle Zutaten zu einem lila Fruchtmus zermixen.

110 KCAL

Blaubeer-Traum

Supergesund und kalorienarm.

- 1 Tasse Blaubeeren
- 1 Tasse Erdbeeren
- 1 Probiotic-Drink pur, 0,1% Fett
- $1/2$ Tasse zerstoßenes Eis
- 1 Prise Zimt

▌ Alle Zutaten vermixen und mit Zimt abschmecken. Zur Deko einige Blaubeeren zerdrücken. Den Rand eines Glases anfeuchten, zuerst in Zucker drücken, dann vorsichtig in das Blaubeermus, sodass ein hellblauer Rand entsteht.

120 KCAL

Boosters

Soja-Frucht-Smoothie

Anti-Aging-Power mit allen Beauty-Stoffen: extreme Nährstoffdichte bei wenig Energiegehalt.

- 1 Vanilleschote
- 1 Tasse Mangostücke
- 1 Tasse Erdbeeren
- 2 TL getrocknete Cranberrys
- 2 TL getrocknete Goji-Beeren
- 1 Tasse Sojadrink
- 1 TL Honig
- 1/2 Tasse zerstoßenes Eis

▌ Die Vanilleschote halbieren und mit einem spitzen Messer das Mark der Schote auskratzen. Die anderen Zutaten vorbereiten und alles in den Mixer geben und smoothig mixen.

210 KCAL

INFO

Cranberrys: extrem reich an wertvollen Stoffen

Die gesundheitsfördernden Eigenschaften der Cranberrys sind in den USA seit Langem bekannt und Bestandteil volkstümlicher Überlieferungen. Die Indianer nutzten Cranberrys zum Heilen von Wunden und zum Färben von Stoffen. Die Seefahrer nahmen die Beeren mit auf Walfangreisen, um dem Skorbut vorzubeugen. Es wird weiter geforscht:

Neueste Studien belegen vielfältige gesundheitliche Wirkungen, insbesondere bei Blasen- und Harnwegserkrankungen sowie Herz- und Kreislaufbeschwerden. Die Beeren sind nämlich reich Natrium, Kalium, Phosphor, Vitamin C, Antioxidanzien sowie sekundären Pflanzenstoffen. Cranberrys erhält man in Naturkostläden und Apotheken.

Ruck, zuck – genießen!

Peach-Vanilla-Dream

Das Vanillearoma bewirkt über das Gehirn, dass wir uns schneller satt fühlen.

- 1 Vanilleschote
- 1 Tasse Pfirsichstücke
- 1 Banane
- 1 EL Haferflocken
- 1 Tasse Magermilch, 0,3% Fett
- $1/2$ Tasse zerstoßenes Eis

▌ Vanilleschote halbieren und das Mark vorsichtig mit einem spitzen Messer herauskratzen. Mit den Pfirsichen, den Bananenstücken, den Haferflocken und der Milch in den Mixer geben. Das gecrashte Eis zufügen und 3–4 Minuten mixen.

▌ Den Glasrand anfeuchten, in Vanillezucker drücken, bis eine weiße Schicht haften bleibt, den Smoothie-Traum einfüllen und mit einer schönen Pfirsichspalte dekorieren. Ein Minzeblättchen macht die Optik noch appetitlicher.

▌ Wenn Sie die Milch vorher einfrieren und anschließend crashen, benötigen Sie kein Eis und der Geschmack wird noch vanilliger.

210 KCAL

Cherry-Banana-Vanilla-Dream

Sättigt gut und stillt das Verlangen nach Süßem.

- 1 Tasse entkernte Süßkirschen
  Saft einer Limette
- 1 Banane
- 1 Tasse Joghurt, 0,1% Fett
- 1 Vanilleschote (Mark)
- 2 Tropfen Mandelaroma (nach Gusto)
- $1/2$ Tasse zerstoßenes Eis

▌ Alle Zutaten in den Mixer geben und mixen, bis alles smoothig ist. Wenn Sie es mögen, würzen Sie den Smoothie mit dem Mandelaroma, das passt gut zu den Kirschen und schmeckt mit der Vanille und dem Joghurt wie Marzipan

180 KCAL

BOOSTERS

Fruit Harmony

Diese Smoothie-Stoffe kräftigen das Immunsystem, festigen Blutgefäße und Bindegewebe und sind gut für das Herz.

- 1 Kiwi
- 1 Banane
- 1 Tasse Erdbeerstückchen
- 1 Tasse Himbeeren
- 1 Fläschchen Probiotic-Drink pur, 0,1% Fett
- $1/2$ Tasse zerstoßenes Eis

▌ Kiwi-Fleisch auslöffeln, Banane zerteilen, zusammen mit den gezupften und gewaschenen Erdbeeren sowie den Himbeeren in den Mixer geben, den Drink und das Eis hinzufügen. Nun alles 3 Minuten mixen, bis eine harmonische Konsistenz entsteht.

200 KCAL

Cool Melon

Riecht herrlich und hilft gegen Heißhunger auf Süßes.

- 2 Tassen Wassermelonenstücke
- 1 Stück Ingwer, 0,5 cm
- 1 TL Honig
- 1 Fläschchen Probiotic-Drink pur, 0,1% Fett
- $1/2$ Tasse zerstoßenes Eis
- 2 Tropfen Mandelaroma, nach Gusto

▌ Nehmen Sie am besten kernlose Wassermelonen. Geben Sie die vorbereiteten Stücke in den Mixer. Den Ingwer schälen, mit der Knoblauchpresse direkt in den Mixer drücken. Alle anderen Zutaten dazuschütten und 3 Minuten zu einem rosa Smoothie mixen. Wer mag, kann mit dem Mandelaroma abschmecken.

170 KCAL

Ruck, zuck – genießen!

PIKANTE SMOOTHIES

Greek-Fitness-Smoothie

Hat mehr Elektrolyte als die meisten Sportdrinks: gut vor oder nach dem Training.

- 1 Tasse Schlangengurkenstücke
- 1 Tasse Buttermilch
- 3 EL Quarkcreme, 0,1–0,2% Fett, z.B. von Onken, Weihenstephan oder Exquisa
- 1 Knoblauchzehe
  Pfeffer, Salz
- $1/2$ Tasse zerstoßenes Eis
- 1 TL Dill
- 3 Minzeblättchen
- $1/2$ TL Olivenöl

▌ Die Schlangengurke kann man mit oder ohne Schale verwenden. Zusammen mit der Buttermilch und dem Quark in den Mixer geben. Knoblauch enthäuten und in sehr kleine Stückchen schneiden, alles mit etwas Salz und Pfeffer würzen. Gecrashtes Eis, die Kräuter, zuletzt das Olivenöl hinzufügen und alles mixen, bis ein smoothiger Brei entsteht. Nach Belieben nachwürzen.

90 KCAL

Spicy Green

Hier sind Sie für Ihre Gesundheit im grünen Bereich!

- 1 Packung gemischte Kräuter, tiefgekühlt
- 2 EL Quarkcreme, 0,1–0,2% Fett, z.B. von Onken, Weihenstephan oder Exquisa
- 1 Tasse Joghurt, 0,1% Fett
- $1/2$ Tasse zerstoßenes Eis
- $1/2$ Chilischote
  Salz, Pfeffer

▌ Kräuter, Quark, Joghurt und das Eis in den Mixer geben. Die Chilischote vorsichtig in sehr kleine Stückchen schneiden. Danach sofort die Hände gründlich mit warmem Wasser waschen, um Haut- und Augenreizungen zu verhindern. Die Gewürze ebenfalls in den Mixer geben und mixen, bis eine froschgrüne Masse entsteht. Alle Zutaten müssen möglichst kalt sein, damit der Smoothie schön sämig wird.

60 KCAL

Ruck, zuck – genießen!

Frühlings-Smoothie

Pikant und scharf – enthält jede Menge Vitamine und Mineralstoffe und hilft bei Frühjahrserkältungen.

- 1 Tasse Radieschenstücke
- 1 EL Schnittlauchröllchen
- 3 EL Quarkcreme, 0,1–0,2% Fett, z.B. von Onken, Weihenstephan oder Exquisa
- 1 Tasse entrahmte Milch, 0,3% Fett
- 1/2 Tasse zerstoßenes Eis
- 1/2 TL geriebener Meerrettich
  Salz, Pfeffer

▌ Die Radieschen putzen und in Stückchen schneiden. Zusammen mit allen anderen Zutaten in den Mixer geben. Schon jetzt etwas salzen und pfeffern. Zermixen und anschließend abschmecken. Wer will, kann japanischen Wasabi-Meerrettich dazugeben: bringt noch extra Schärfe.

80 KCAL

Vegi-Ekstase

Ersetzt jede Suppe, ist kalorienarm und sättigend.

- 1 gelbe Paprikaschote
- 1 mittelgroßer Stengel Staudensellerie
- 1 mittelgroße Möhre
- 2 Tomaten, eventuell gehäutet
- 1/2 Tasse frisch gepresster Orangensaft
- 1 Tasse Magerjoghurt »Natur«, 0,1% Fett
  Salz, Cayennepfeffer
- 1/2 Tasse zerstoßenes Eis

▌ Die Tomaten kurz blanchieren, abschrecken und häuten. Danach entkernen und grob zerkleinern. Die Paprikaschote entkernen, grob würfeln. Die Möhren schälen, am besten gleich in den Mixer reiben. Staudensellerie putzen und klein schneiden.

▌ Alle vorbereiteten Zutaten in den Mixer geben. Joghurt und frisch gepressten Orangensaft zugeben und pürieren. Mit Salz und Cayennepfeffer würzen. Das gestoßene Eis zugeben und weiter pürieren. Mit etwas Staudensellerie und -grün garnieren.

100 KCAL

Pikante Smoothies

Roter Einheizer

Besonders herzhaft und scharf, extrem kalorienarm.

1 rote Paprika
1 Tasse Tomatensaft oder pürierte Tomaten
1 Tasse frisch gepresster Orangensaft
$1/2$ Tasse zerstoßenes Eis
  etwas Salz
  Tabasco, Chilipulver oder frische Chili
  eventuell $1/2$ Teel. Meerrettich, frisch gerieben oder aus dem Glas
  Pfeffer aus der Mühle
  einige frische Basilikumblätter

▎ Zuerst die Paprika vierteln und unter dem Backofengrill rösten, bis die Haut Blasen wirft. Abkühlen lassen und die Haut abziehen. Die weichen Paprikastücke grob zerkleinern und zusammen mit dem Tomaten- und Orangensaft und dem Eis im Mixer oder Blender pürieren.

▎ Würzen mit einem Spritzer Tabasco, viel Chili (wie man es aushält!) und etwas Salz – wer es mag mit Meerrettich. Mit Pfeffer und grob gehackten Basilikumblättern bestreuen.

40 KCAL

Orangen-Möhren-Smoothie

Enthält eine Höchstmenge an beta-Carotin.

1 Orange
1 große Möhre
1 Stück Ingwer, ca. 1 cm
$1/2$ Tasse Karottensaft
$1/2$ Tasse zerstoßenes Eis
  Salz, Pfeffer

▎ Die Orange schälen und zerkleinern. Es ist nicht nötig, das Weiße der Frucht zu entfernen, im Gegenteil: Hier bietet sich eine Ballaststoffquelle. Aber entnehmen Sie die Kerne. Die Möhre putzen und in den Mixer reiben. Den Ingwer schälen und durch die Knoblauchpresse in den Mixer drücken. Die restlichen Zutaten dazugeben und alles smoothig-sanft mixen. Pikant abschmecken. Wer will, kann auch mit Chili würzen.

80 KCAL

Ruck, zuck – genießen!

PIKANTE SMOOTHIES

Kresse-Kefir-Smoothie

Vertreibt den Hunger, besonders die Kresse wirkt hierbei hervorragend!

- 1 Kästchen Kresse
- 1 Tasse Kefir, fettarm
- 1 EL Zitronensaft
- 1/2 TL Meerrettich aus dem Glas
- 1/2 Tasse zerstoßenes Eis
- Salz, Pfeffer, einige Spritzen Tabasco
- etwas Dill zum Dekorieren

▌ Die Kresse abbrausen und trocken tupfen, dann schneiden und zusammen mit allen anderen Zutaten in den Mixer geben und smoothen. Zuletzt noch abschmecken, in ein Glas füllen und mit Dill dekorieren.

70 KCAL

Energie-Smoothie

Voller Powerstoffe für Vitalität und Gesundheit.

- 2 Tassen zerhackte Blätter von jungem Spinat
- 1 Schalotte
- 1 Tasse Buttermilch
- 1 EL Quarkcreme, 0,1–0,2% Fett, z.B. von Onken, Weihenstephan oder Exquisa
- 1/2 TL Paprikapulver
- 1/2 TL Schittlauchröllchen
- Salz, Pfeffer
- 1/2 Tasse zerstoßenes Eis

▌ Den Spinat verlesen und waschen, die Blätter abzupfen und in den Mixer geben, ebenso die zerkleinerte Schalotte. Alle anderen Zutaten hinzufügen und so lange mixen, bis alles zu einer Masse geworden ist, zuletzt pikant abschmecken.

▌ Zur Deko den Glasrand anfeuchten und in Paprikapulver drücken. Dann den grünen Smoothie einfüllen und noch etwas rotes Paprikapulver darüberstäuben.

80 KCAL

Ruck, zuck – geniessen!

PIKANTE SMOOTHIES

Tomaten-Smoothie

Randvoll mit 10 000 wertvollen Phytostoffen.

- 1/2 Schlangengurke
- 1 Tasse geschälte Tomaten
- 1 Tasse Kefir, fettarm
- 1/2 TL Olivenöl
- 1 Prise Zucker
  Salz, Pfeffer, Tabasco
- 1/2 Tasse zerstoßenes Eis

▎ Die Schlangengurke je nach Gusto schälen und halbieren, entkernen, da sie sonst zu stark wässert. In Stücke schneiden und mit den anderen Zutaten vermixen.

70 KCAL

Spinach-Carrot-Smoothie

Stärkt Herz, Nerven, Leber und fördert die Blutbildung. Nebenbei macht er noch schön und verbessert die Sehkraft.

- 2 Tassen zerhackte Blätter von jungem Spinat
- 1 Tasse Karottenstücke
- 1 Tasse Apfelsaft
- 1/2 Tasse zerstoßenes Eis
  Salz, Pfeffer
  Knoblauchpulver nach Gusto

▎ Den Spinat verlesen, waschen, trocken tupfen und zerhackt in den Mixer geben. Die Möhren putzen, in Stücke schneiden oder gleich in den Mixer raspeln. Mit Saft und Eis auffüllen und alles 3 Minuten mixen. Mit Salz und Pfeffer abschmecken. Wer es mag, kann mit einem Hauch Knoblauchpulver würzen.

70 KCAL

Pikante Smoothies

Pepper Mango

Scharf und exotisch fruchtig.

- 1 Tasse Mangostücke
  viel schwarzer Pfeffer, frisch gemahlen
- 3 EL Quarkcreme, 0,1–0,2% Fett, z.B. von Onken, Weihenstephan oder Exquisa
- 1 Tasse Kefir, fettarm
  Chili nach Gusto
- $1/2$ Tasse zerstoßenes Eis

▮ Alle Zutaten vermixen und scharf abschmecken.

110 KCAL

Orange-Fennel-Twist-Smoothie

Ein Twist aus Frucht und Gemüse.

- 2 Orangen
- 2 Bleichselleriestängel
- $1/4$ Fenchelknolle
- $1/2$ Tasse zerstoßenes Eis

▮ Die Frucht und das Gemüse reinigen und zerkleinern und mit dem Eis vermixern. Wer will, kann mit Salz und Pfeffer abschmecken.

100 KCAL

Bollywood-Namkeen-Smoothie

Erfrischt und sättigt an heißen Tagen.

- 1 Tasse Joghurt, 0,1% Fett
- 3 EL Quarkcreme, 0,1–0,2% Fett, z.B. von Onken, Weihenstephan oder Exquisa
- $1/2$ TL Kreuzkümmel
- $1/2$ Tasse zerstoßenes Eis
  Salz
  MIneralwasser

▮ Joghurt und Quark mit den Gewürzen und dem Eis in einen Mixer geben und 3 Minuten mixen, mit Salz abschmecken, in ein großes Glas schütten und mit Mineralwasser auffüllen. Einen Bollywood-Mithi-Smoothie erhalten Sie, wenn Sie statt Kreuzkümmel, Salz und Mineralwasser $1/2$ TL Kardamompulver, 1 TL Honig und 1 TL Zitronensaft verwenden.

70 KCAL, MITHI 90 KCAL

PIKANTE SMOOTHIES

Ruck, zuck – genießen!

Blushing Surprise

Eine Überraschung in Geschmack: Exotik pur

- 1 Stück Ingwer, ca. 1 cm
- 1 Tasse roter Paprika, in Stücke geschnitten
-   Saft einer Limette
- 1 TL Worcestershire-Soße
- 1 Tasse Frühlingszwiebel, in Scheibchen geschnitten
- $1/2$ Tasse zerstoßenes Eis
-   Salz, Pfeffer
-   Pfeffersoße nach Gusto

▌ Den Ingwer schälen und durch die Knoblauchpresse in den Mixer drücken. Alle anderen Zutaten der Reihe nach dazugeben und mixen. Zuletzt noch abwürzen, eventuell Schärfe geben durch die Pfeffersoße. Ersatzweise Chilipulver oder -soße.

50 KCAL

Presto Pesto

Ersetzt geschmacklich eine Nudelmahlzeit, hat aber nur den Bruchteil der Kalorien.

- 1 Bund Basilikum
- 2 Knoblauchzehen
- $1/2$ TL Olivenöl
- $1/2$ Packung (250 g) Quarkcreme, 0,1–0,2% Fett, z.B. von Onken, Weihenstephan oder Exquisa
- 1 Probiotic-Drink pur 0,1% Fett
- 1 Tasse zerstoßenes Eis
-   Salz, Pfeffer
- 1 EL dünne Parmesanraspel

▌ Basilikum verlesen, waschen, trocken tupfen, eventuell dicke Stiele entfernen, grob hacken und in den Mixer geben. Die Knoblauchzehen schälen und in den Mixer pressen. Das Olivenöl hinzufügen und mixen. Dann die anderen Zutaten auf einmal dazu. Mit Salz und frischem schwarzen Pfeffer abschmecken. Mit Grissinis und Parmesan dekorieren.

120 KCAL

Presto Pesto ▶

Gesund und schlank mit Smoothies

Register

A

Abnehmen, Geschwindigkeit 20, 24
Abnehmtief 27
Allergien 22
Aminosäuren 19
Ananas 31, 36
Anti-Aging-... 8, 11, 34f., 49, 56, 81
Antioxidanzien 21
Appetit, stressbedingter 26
Arbeitsplatz 18
Arterienverkalkung 54

B

Bananen 12
Beauty- and-Slim-Smoothies 8
Beerenfrüchte, rote 13
Bewegung an frischer Luft 27
Bio-Produkte, 11
Blasenerkrankungen 81
Blender 15
Blutdruck 22, 69
Body-Design 21 f.
Brainfood 22
Brombeeren 13
Bromelain 31
Brustkrebs 69
Buttermilch 14

C

Cellulite 35
Cranberrys 81

D

Depotfett 20
Diabetes 22
Diät-Depression 27
Diät-Smoothies 8, 14
Diätziel 23
Dickmilch 14

E

Eis crashen 16
Eis-Crash-Funktion 15 f.
Eiweißquellen, bei einer Diät 19
Energieeinsparung pro Tag 30
Erinnerungsvermögen 22
Esslust-Falle 28

F

Fatburnerhormon 19
Feier 28
Fettdepots 19
Fettfresser 64
Fettverbrennung 19
Fitnesstraining 22
Fruchtpüree 11
Fruchtzucker 11
Frust-Tage 25

G

Ganzfruchtsaftgetränke 10
Gedächtnisleistung 56
Gehirnjogging 22
Gemüsepüree 11
Gewicht halten 28
Gewichtsabnahme pro Woche 24
Gewichtsplateau 25
Gingerol 54
Glückshormon 23
Goji-Beeren 35
Granatapfel 69
Guarana 72

H

Harnwegserkrankungen 81
Heißhungerattacken 27, 61
Herz-Kreislauf-Beschwerden 22, 69, 81
Herzrhythmusstörungen 22
Himbeeren 13
Holunder 53
Hoodia Gordonii 61
Hungergefühl 23, 61

I

Immunsystem 21
Ingwer 54
Ischiasschmerzen 53

Register

J
Joghurt 14
Johannisbeeren 13

K
Kaloriengehalt 9
Kalorienrestriktion 18
Kefir 14
Koffein 72
Kollagen 21, 23
Kreislaufprobleme 22, 81

L
Lifestyle-Krankheiten 22
Low-Carb 21
Low-Fat 21

M
Magerjoghurt 14
Magermilch 14
Magnesium 21, 22
Mahlzeitenersatz 18
Mangoflecken 40
Mangos, Zubereitung 12, 36
Meal Replacement 18 f.
Mengenangaben 30
Milch und Milchprodukte 14
Milcherzeugnisse und Ananas 31
Mixer 15
Molekül P57 61
Molke 14

O
Obstsäfte 10
Obstsnacks 8
Optiwell Control 14
Osteoporose 22

P
Papain 76
Papaya 76
Phenylalanin 56
Phytohormone 76
Picknick 27
Prostatakrebs 69
Protein-Smoothies 14

Q
Quark 14

R
Reduktionsdiät 19
Reisekrankheit 54
Rückenbeschwerden 22

S
Sanddornvollfrucht 49
Sattheitsgrad 22
Sauerstoffzufuhr, erhöhte 27
Schilddrüsenhormone 19 ff.
Seekrankheit 54
Selen 53
Serotonin 12, 22 f., 27
Skorbut 81
Slim-and-Fit-Booster 8
Slim-Smoothies 8
Smooth Operator 25
Smooth-Day 28
Smoothie-Diät 17, 20
Snacks, leere 21
Sojamilch 14
Sojaprodukte 14
Spirulina 56
Sport 22, 27
Standmixer 15
STH 19, 23
Szene 8

T
Trinken 24
Tryptophan 22, 23

U
Übelkeit 54
Übergewicht 25

V
Vanille 82
Vollfruchtverfahren 49

W
Wachstumshormon 19, 23
Wechseljahre 76
Workout-Booster 8

Impressum

Liebe Leserin, lieber Leser,
hat Ihnen dieses Buch weitergeholfen? Für Anregungen, Kritik, aber auch für Lob sind wir offen. So können wir in Zukunft noch besser auf Ihre Wünsche eingehen. Schreiben Sie uns, denn Ihre Meinung zählt!

Ihr TRIAS Verlag

E-Mail Leserservice:
heike.schmid@medizinverlage.de

Adresse:
Lektorat TRIAS Verlag, Postfach 30 05 04, 70445 Stuttgart
Fax: 0711 - 8931 - 748

Bibliografische Information der Deutschen Nationalbibliothek
Die Deutsche Nationalbibliothek verzeichnet diese Publikation in der Deutschen Nationalbibliografie; detaillierte bibliografische Daten sind im Internet über http://dnb.d-nb.de abrufbar.

Programmplanung: Uta Spieldiener

Redaktion: Sabine Seifert
Bildredaktion: Christoph Frick

Umschlaggestaltung und Layout: CYCLUS Visuelle Kommunikation

Bildnachweis:
Umschlagfoto vorn: StockFood
Umschlagfotos hinten: Pixland, Frank Kleinbach
Fotos im Innenteil: Peter Zimmer-Braun (S.2), MEV (S. 18), Image State (S. 20), PhotoDisc (S. 24), creativ collection (S. 26, 28), Photo Alto (S. 14, 34, 41, 44, 52, 65, 68, 77, 83, 86, 90); alle übrigen Frank Kleinbach, Stuttgart

1. Auflage

© 2008 TRIAS Verlag in MVS
Medizinverlage Stuttgart GmbH & Co. KG
Oswald-Hesse-Straße 50, 70469 Stuttgart

Printed in Germany

Satz: Sabine Seifert
gesetzt in: QuarkXPress 7.3
Druck: Westermann Druck Zwickau GmbH, 08058 Zwickau

Gedruckt auf chlorfrei gebleichtem Papier

ISBN 978-3-8304- 3411-5   1 2 3 4 5 6

Wichtiger Hinweis: Wie jede Wissenschaft ist die Medizin ständigen Entwicklungen unterworfen. Forschung und klinische Erfahrung erweitern unsere Erkenntnisse, insbesondere was Behandlung und medikamentöse Therapie anbelangt. Soweit in diesem Werk eine Dosierung oder eine Applikation erwähnt wird, darf der Leser zwar darauf vertrauen, dass Autoren, Herausgeber und Verlag große Sorgfalt darauf verwandt haben, dass diese Angabe dem **Wissensstand bei Fertigstellung des Werkes** entspricht.

Die Ratschläge und Empfehlungen dieses Buches wurden vom Autor und Verlag nach bestem Wissen und Gewissen erarbeitet und sorgfältig geprüft. Dennoch kann eine Garantie nicht übernommen werden. Eine Haftung des Autors, des Verlages oder seiner Beauftragten für Personen-, Sach- oder Vermögensschäden ist ausgeschlossen.

Geschützte Warennamen (Warenzeichen) werden **nicht** besonders kenntlich gemacht. Aus dem Fehlen eines solchen Hinweises kann also nicht geschlossen werden, dass es sich um einen freien Warennamen handelt.

Das Werk, einschließlich aller seiner Teile, ist urheberrechtlich geschützt. Jede Verwertung außerhalb der engen Grenzen des Urheberrechtsgesetzes ist ohne Zustimmung des Verlages unzulässig und strafbar. Das gilt insbesondere für Vervielfältigungen, Übersetzungen, Mikroverfilmungen und die Einspeicherung und Verarbeitung in elektronischen Systemen.